60个妙招帮你培养孩子的耐心

柴一兵 —— 编著

北京工业大学出版社

图书在版编目（CIP）数据

60个妙招帮你培养孩子的耐心 / 柴一兵编著. —北京：北京工业大学出版社，2015.1（2021.9重印）
ISBN 978-7-5639-4166-7

Ⅰ.①6… Ⅱ.①柴… Ⅲ.①习惯性－能力培养－儿童教育－家庭教育　Ⅳ.①G78

中国版本图书馆CIP数据核字(2014)第299392号

60个妙招帮你培养孩子的耐心

编　　著：	柴一兵
责任编辑：	王　喆
封面设计：	清水设计工作室
出版发行：	北京工业大学出版社
	（北京市朝阳区平乐园100号　邮编：100124）
	010-67391722（传真）　bgdcbs@sina.com
经销单位：	全国各地新华书店
承印单位：	唐山市铭诚印刷有限公司
开　　本：	787 毫米×1092 毫米　1/16
印　　张：	14
字　　数：	210千字
版　　次：	2015年1月第1版
印　　次：	2021年9月第3次印刷
标准书号：	ISBN 978-7-5639-4166-7
定　　价：	39.80元

版权所有　翻印必究

（如发现印装质量问题，请寄本社发行部调换 010-67391106）

前　　言

很多孩子做事和学习的时候常常没有耐心，或者虎头蛇尾，或者事情进行到一半就放弃不做了。有耐心，这不仅仅是孩子需要学习的一项重要的社交技能，更是对于孩子日后自身心理的发展、整体素质的提高有着至关重要的作用。

耐性不足的孩子，情商和逆境商相对较低，他们比较散漫、自控力弱，做事有始无终，适应性差、喜欢依赖，不容易融入新环境；在挫折面前，往往表现出急躁、知难而退甚至暴力的苗头。另外，缺乏耐性的孩子很少有幸福的感觉，他们也不懂得什么叫"珍惜"。

这样的孩子容易被自己的情绪所左右，稍不如意就觉得无法忍受，不能够冷静地思考解决问题的方法，不能承受挫折，以至于长大之后影响自己的工作和生活。

为了培养孩子的耐心，本书特意准备了60个妙招，和父母一起，让孩子集中注意力，耐心做事。

目　录

第一章　寻根究底，孩子耐心哪儿去了

1　什么叫没耐心，先认知孩子的耐心表现 …………………… 3

2　理解至上，没有耐心的孩子的三种倾向 …………………… 6

3　注意力不集中，小心多动症惹的祸 ………………………… 10

4　环境影响，让孩子的耐心被消磨掉了 ……………………… 14

5　父母代劳，让孩子失去了该有的耐心 ……………………… 17

第二章　培养耐心，摆不正自己搞不定孩子

6　修正心态，毕竟是孩子，偶尔犯错也难免 ………………… 23

7 言传身教，你性子急，孩子不畏怯就霸道 26

8 重过程轻结果，莫以分数高低论英雄 29

9 爱有爱道，让孩子独立，不要大包大揽 32

10 由浅入深，要适应孩子的接受能力 34

11 亲子游戏，和孩子一起边玩边培养耐心 37

12 好动是孩子天性，确立目标持之以恒 40

13 孩子犯错，再粗陋也不要贬低、嘲笑 43

14 将心比心，用耐心培养孩子的耐心 47

15 延迟满足，慢慢来，从一分钟开始 50

16 成龙成凤可以是心愿，千万别当作目标 53

第三章　没耐心好哭闹，父母怎么办

17 先自查，孩子哭闹往往是父母"鼓励"的结果 59

18 事先申明，对孩子的哭闹说"不" 62

19 狠心也是爱，一开始就别屈从 65

20 尊重孩子，公众场合哭闹先带离现场 68

21 零用钱效用，让孩子明白哭闹的后果 71

第四章　没耐心坐不住，父母怎么办

22　学习坐不住，总是先玩半天再做作业 77

23　先说一堆优点，让孩子高高兴兴接受批评 81

24　投其所好，利用孩子的兴趣培养专一性 84

25　没有重大不妥，宽容淘气，尊重其选择 87

26　吃饭坐不住，不是玩玩具就是看动画 90

27　真不错，嘉奖孩子做事过程的每点进步 94

28　交谈坐不住，话还没说完人就没影了 97

29　动嘴不动手，打孩子只会起到反作用 102

30　不再压制，将好动转化为家庭贡献 108

第五章　没耐心爱走神，父母怎么办

31　上课东张西望，帮孩子克服走神的毛病 113

32　越学越枯燥，帮他发现每个阶段新东西 118

33　心不在焉，典型的"一问三不知" 121

34　做作业做事，虎头蛇尾半途而废 124

35　不提醒就忘，一提醒就说你"唠叨" …………… 128

36　别勉为其难，别强迫孩子做不喜欢的事 …………… 132

37　持续鼓励，用"为什么呀"引起孩子兴趣 …………… 135

第六章　没耐心急脾气，父母怎么办

38　脾气急，潜台词是希望父母理解其感受 …………… 141

39　适当鼓励，让孩子感觉自己总在进步 …………… 144

40　强制性体育锻炼，持之以恒"双赢" …………… 146

41　别总强调第一，期望越高孩子耐心越小 …………… 149

42　笑能感染人，孩子快乐自然不会发脾气 …………… 152

43　巧用合约，慎用惩罚，轻松改掉坏脾气 …………… 154

44　孩子发脾气，父母一定要达成同盟 …………… 156

45　重过程，不给孩子限定问题的答案 …………… 158

46　缓解焦虑，多给孩子正面暗示 …………… 162

47　必要家规不可少，脾气坏是自作自受 …………… 165

48　行成于思，思前想后克服冲动 …………… 169

49　帮助孩子表达感情，减少发脾气机会 …………… 172

50　放养孩子，别让孩子替父母去圆梦 …………… 174

51　多米诺骨牌效应，父母说得越多孩子越上火 …………… 177

第七章　培养耐心并不难，生活点滴见效果

52 看一部关于耐心的电影《人生遥控器》.................. 183

53 阅读一本小说 186

54 和孩子一起培育蔬菜 189

55 图书馆寻宝之旅 192

56 手工制作乐趣多 195

57 一个小生命，家有宠物 198

58 整理衣柜、整理玩具 201

59 爬山爬楼梯 205

60 一起动手做饼干 208

第一章　寻根究底，孩子耐心哪儿去了

　　《聊斋志异》的作者蒲松龄在自勉联中这样写道："苦心人天不负，卧薪尝胆，三千越甲可吞吴，有志者事竟成，破釜沉舟，百二秦关终属楚。"这可以算是高度概括了耐心的好处，拥有了耐心和决心，才能有效地完成目标。《聊斋志异》便是始于蒲松龄二十多岁时的一个创作想法，一直到四十岁时才初具雏形，而后的岁月里不断增补直至花甲之年，前后历时四十余年，用"毕生心血"四个字来形容极为贴切。这四十几年里，枯燥和琐碎、困难和阻挠难以避免，如果蒲松龄没有坚韧的耐心和矢志不渝的恒心，也不会有这部优秀作品的诞生。

　　耐心总是能让我们完成生活中的一些小事，这些小事积累起来，往往是巨大成就的基石。优秀的品质是识别一个优秀的人的标签，它们闪着努力付出的泪，也闪着收获荣誉的光。耐心就是这光芒中的其中一束。

　　每位家长都希望在孩子的优秀品质里能包含"耐心"这个词，教育孩子时常常用"铁杵磨成针"之类的故事告诉他耐心的重要性。而生活中往往事与愿违，很多家长都反映："我的孩子总是一件事没做完就跑去做另一件事，让他画画，没画几笔，就又跑出去踢足球了，做什么事都没有耐心，为什么会这样呢？"下面的内容将为您解答这个疑问。

1

什么叫没耐心，先认知孩子的耐心表现

情景再现

周六，妈妈做好了午饭，叫姗姗过来吃饭。姗姗坐在椅子上，刚吃了一口饭，就看着窗外发呆。嘴里的那口饭嚼了半天，直到妈妈提醒，她才转过头来夹了一口菜，一边嚼一边看着天花板，然后用筷子在菜里面挑来拣去。爸爸都开始吃第二碗米饭了，姗姗碗里的米饭还剩着半碗，妈妈催促她快点吃，她却说："我想出去玩，我不想吃了。"妈妈说："耐心点好不好，等你把饭吃完了，才可以出去玩。"姗姗不情愿地继续"慢动作"地吃饭。

壮壮的家里有很多玩具，基本都是过生日的时候爸爸妈妈、叔叔阿姨送给他的。今天是他10岁生日，晚上爸爸妈妈会在家里给他开生日聚会。爸爸忙着装饰家里，妈妈忙着烘焙甜点。壮壮百无聊赖地玩着玩具，一会儿拿起变形金刚，摆弄了几下就扔在沙发上；又翻出积木，刚搭好了就推倒；无视散落在地上的积木，他又跑到阳台玩起了旋风陀螺；陀螺转到花盆后面卡住了，他懒得去拿出来，就回到卧室拿着爸爸的平板电脑玩游戏。爸爸见到他这般"忙碌"的样子，便说："你能不能老老实实地玩一个玩具啊，一会儿这个一会儿那个的，这么没耐心，家里又让你弄乱了。"壮壮嘟着嘴说："不好玩让我怎么玩，都是旧玩具，没意思，我什么时候能玩新玩具啊？"妈妈走过来说："新玩具等着晚上拆礼物的时候才能玩，着急什么啊，早晚都是你的。""还要等啊，真烦人。"壮壮抱怨着。

三年级的豆豆最近让她的妈妈感觉很烦恼，因为老师打电话和她说，豆豆这学期上课很不专心，叫起来回答问题的时候只会说不知道，问她老师刚才说了什么时，她支支吾吾地说："刚才讲了，嗯，这个，啊，应该是……嗯，那个……"老师希望妈妈好好和豆豆谈谈，改善这种情况。豆豆妈妈自然觉得女儿很让她丢脸，因为一、二年级的时候，豆豆不是这个样子，"上课专心听讲，积极发言"，这是老师在期末总评上的话，豆豆的成绩也处在班级上游，从来没让家长和老师操心过，现在怎么却到了老师打电话给家长反映问题的地步了呢？晚上，等豆豆做完了作业，妈妈拿过来检查，发现错漏百出，就严厉地说："这个怎么能做错呢？多简单啊，你上课都听什么了？""我……"没等豆豆说出来，妈妈继续说："老师都给我打电话了，说你上课的时候走神，注意力完全不在老师那里，不好好听课，怎么能学到知识？以后上课时给我清醒一点，别跟没睡醒似的，老师就算讲得很枯燥，也拿出点耐心来，把知识点都往心里记。你听没听见我说话啊！魂儿又跑哪儿去了？"

孩子的心里话

姗姗：今天的菜里有青椒，我最讨厌青椒了，虽然土豆炖肉还是很好吃的，不过我比较想出去玩，玩完了再回来吃，妈妈肯定不让我这样的。讨厌死了，青椒、青椒、青椒大王、青椒怪、青椒魔、青椒巫婆、青椒妈妈……

壮壮：变形金刚不好玩，积木不好玩，陀螺也不好玩，玩游戏也总是不过关，真没劲儿。凭什么不能现在就玩新玩具？哼！总是让我等等等的，还说什么早晚都是我的，那为什么不早点、偏要晚点呢？有什么区别，搞不懂他们是怎么想的。还说我没耐心，耐心有什么用，有新玩具好玩吗？

豆豆：妈妈又打断我的话了，她都不问问我为什么不听课就批评我，老师讲课确实很没意思啊，大部分都是照着书念而已，我还不如回家自己看书学习呢。今天上课没回答上数学老师的问题，是因为我一直在烦恼下周体育课的测试啊，我总是跑倒数第一，唉，不及格的话，妈妈又要骂我了。怎么这么多烦恼的事情啊。

家长应该怎么办

故事里的这三个小朋友都被他们的家长批评为"没有耐心"，有时候甚至孩子根本不知道自己犯了什么错，便被大人们贴上了"没有耐心"的标签，成了"问题儿童"。他们很想知道："我到底哪里错了？我为什么要有耐心？为什么没有耐心，大人就会责怪我？……"在为孩子解答这些问题的时候，家长们不妨先了解一下耐心的定义和表现，看看孩子做错了某件事到底是因为缺乏耐心还是其他原因，这样才能让儿童教育朝着科学有序的方向发展，而不是根据自己的喜好来判断孩子的对错。

让我们先解读一下耐心。耐心也就是耐性，当它作为一种心理状态的时候就是耐心，当它作为一种道德品质的时候就是耐性，它们可以简化为一个字"忍"。耐心是个人意志过程中的坚持性、积极性、自制力等相结合而产生的状态。耐心与忍耐看似是同义词，大部分情况下可以互用，但在一些方面还是有区别的：耐心往往是在面对自己不感兴趣或枯燥的事情时表现出来的，比如坚持看完一本要写读后感的书，而书的内容自己并不喜欢，需要的就是耐心；忍耐经常是面对恶劣处境时为着一个自己向往的目标而做的坚持，比如在学校运动会的短跑比赛上，带着腿伤也要为班级争得名次，这就是忍耐，这时候它也是刚强的代名词。有时候家长为了让孩子能耐心地完成某项任务，就会许诺在他完成之后会获得一个奖励，家长看重的是完成任务过程中表现出来的耐心，对孩子来说这个过程却是他为了得到奖励而做出的忍耐。

缺乏耐心体现在情绪上就是不稳定、敏感、冲动，体现在行动上就是多动、半途而废、做事前不思考。如果您的孩子有以上情况，那这些让家长觉得"不省心"的表现就可以判断为是缺乏耐心的缘故了。

同年龄段的孩子对于同一件事缺乏耐心的程度是不同的。比如寒假作业里的数学题，有的孩子能在一个星期内做完一本，有的孩子只做完了前几页，有的孩子则只做完了几道题。有人喜欢数学并且擅长数学，就会坚持下去，挑战自己是不是能把每道题都做完，这是兴趣使然，在引领着他维持现状、保持耐心，最后放弃也是因为不可抗拒的客观原因；有人虽然拥有数学头脑，但不喜欢数学，就会在做了一段时间题目后，感到这是浪费时间而放弃，把注意力转到喜欢做的事情上，他是在专注一段时间后被激发出来的耐心的尽失；有人因为不擅长数学而不喜欢数学，就会在刚遇到几道难题的时候就选择放弃，从一开始就对事物有着固有的排斥和抗拒的认知，从而表现出没有耐心，急于逃离……所以对于孩子的耐心教育不能一概而论，要针对孩子的具体情况找到对策。

2

理解至上，没有耐心的孩子的三种倾向

情景再现

　　晶晶、程程、多多是三个好朋友，他们不仅在同一所小学上学，而且还住在同一个小区，晶晶三年级，程程四年级，多多也是四年级。这天，他们的爸爸妈妈带着这三个孩子一起去游乐场玩，游乐场里有钓鱼的项目，每个人租一个鱼竿15元，允许带3条鱼走，时间不限。

　　晶晶妈妈帮晶晶放上了鱼饵，晶晶和朋友们就开始钓起鱼来了。五分钟过去了，小鱼在鱼钩旁游来游去，好几次都触碰到了鱼钩，最后还是转身游走了，晶晶渐渐失去了自己的耐心，就对妈妈说："妈妈，你帮我钓吧，我钓不上来，要不你给我买几条小鱼吧，钓鱼好麻烦，我现在就想要小鱼。""我要是给你买小鱼，这15块钱不是白花

了吗?而且钓鱼是为了让自己能拥有鱼,还是享受钓鱼的乐趣啊?你再等等,小鱼就会上钩的,它们现在可能还不饿,一会儿饿了就会咬钩的。"妈妈安慰道。

旁边的程程也是一条鱼都没钓到,心情烦躁得不行,已经开始把心思转向游乐场里的其他项目了。钓鱼池旁边有玩射击游戏、赢玩具的摊位,他就经常被气球爆破的声音吸引过去,好几次都是手一抖,把差点咬钩的小鱼给吓跑了,然而转回来看到依然没有钓到鱼,程程就越发地坐不住,想要去玩别的了:"妈妈,我想去玩碰碰车,钓鱼好无聊啊。""你还一条都没钓上来呢,钓上来一条的时候,咱们就去玩别的游戏,你看,别的小朋友都在耐心地钓鱼呢,你急什么啊。"妈妈说道。

多多一向是个急脾气的孩子。他看到晶晶和程程不想钓鱼了,自己也是毫无收获,坐得腿都酸了,心里很不开心,就立刻把鱼竿摔在了一旁:"不钓鱼了,一点都不好玩,讨厌的小鱼!真是浪费时间。""这才刚十分钟,钓鱼就是要耐心一点才能有收获啊,你这么毛毛躁躁的,怎么行?"妈妈说。"就是不钓了,我要回家看动画片去!"多多喊道。"你说不钓就不钓吗?那你把15块钱还给我,要不然就好好坐在这儿安心钓鱼,什么时候钓上来,什么时候回家。"妈妈也是个急脾气,哪容忍得了多多这么任性。

于是,晶晶、程程、多多继续钓鱼,但是气氛尴尬了很多,晶晶一脸愁苦,程程依旧东张西望,多多噘着嘴拿鱼竿使劲儿拍打水面。

孩子的心里话

晶晶:妈妈为什么不帮我呢?钓鱼好麻烦,要等那么久,我想要小鱼,可是我不想等啊,就帮我买几条嘛,也没有多少钱。早知道钓鱼这么麻烦,一开始就让妈妈给我买鱼了,干吗要来钓鱼呢?

程程:无聊啊无聊,一点都不想钓鱼,也不想要小鱼,非让我坐在这里，不就是因为没有钓到鱼的话，会让你丢脸吗？我还想多玩玩别的呢，碰碰车多好玩啊。

多多：这点小事，妈妈非要和我较真儿，钓得上来，钓不上来，又能怎么样？妈妈和小鱼一样讨厌，下次再也不和妈妈来游乐场了！

家长应该怎么办

一般孩子缺乏耐心时都有哪些典型的表现和倾向呢？我们可以将其归纳为三种：依赖性、散漫性、暴力性。有的孩子只会表现出其中的一种，有的孩子则可能三种情况都出现过，有的孩子可能依赖家长帮忙无果，于是转化为暴力对抗。针对孩子在不同事件中的不同表现，对症下药，方能药到病除。

依赖性

晶晶就是典型的依赖性倾向。这样的孩子在潜意识里没有独立解决问题的意愿，只要稍微遇到点自己暂时解决不了的困难，便会立刻寻求他人的帮助。这种孩子的意志力也是较为薄弱的，对于那些需要用耐心来坚持完成的事情，他们常常看了一眼之后，就在心里默默地自我暗示："我不行，我做不到的，我需要帮助。"然后就去喊爸爸叫妈妈了。

面对晶晶的求助，晶晶妈妈的做法很好，她没有生硬地拒绝孩子，而是把晶晶的注意力转移到"不能浪费钱、钓鱼比买鱼有乐趣、等一会儿就会有鱼上钩了"，一句话里包括了很多信息，充分利用晶晶想要金鱼的心理来调动她去钓鱼的积极性，不管最终晶晶是否能坚持下去、钓到鱼，至少妈妈面对晶晶的求助，没有有求必应，也算是为培养孩子的耐心迈出的第一步了。

有时候，孩子依赖家长可能是因为他没有过独立完成这件事并且获得成功的经验，事情的可行性处于孩子的能力之外，再加上家长的过高期望所带来的压力，都会导致孩子的"畏难"心理，所以针对依赖性倾向的孩子，教育的重点在于从小要多多鼓励孩子做力所能及的事，家长一方面不要大包大揽、让孩子缺乏动手实践的机会，另一方面也不要求胜心切、期望过高，让孩子不得不屡屡失败。力所能及才是让孩子有耐心完成一件事的前提，家长只需要提供适当的帮助和提醒，让孩子体会到自己有能力完成这件事，这件事可以在自己的掌控之中，那么下回再遇到类似的事情，孩子就不会处处依赖家长的帮助了。

散漫性

程程是典型的散漫性倾向。这类孩子的最大特点是注意力不集中，很容易被其他事情干扰，无法持久地关注一件事，自然也无法持久地从事一件事了。好比一个孩子上特长班，本来是自己吵着要学画画，可是第一天上课注意力就开小差，被隔壁的英语班吸引；去上了两天英语班，又觉得隔壁的舞蹈班比较好玩，学了一天，又看到隔壁的跆拳道班乐趣更多……最后每样都学了几节课，可是由于缺乏耐心，最终什么也没学会。散漫性的孩子似乎有一种这山望着那山高的感觉，在开始做一件事的时候，心里就埋下了"一会儿还会出现更有意思的事"的种子，所以难以集中注意力、专心对待，也就很难坚持完成了。

对于散漫性倾向的孩子，教育的重点是让他认识到所从事的事情的重要性，能被足够重视的事情，孩子才有足够的注意力分配其中，如果他认为这件事只是周围众多事物中的平常小事，于是态度轻忽，随时都可以中断放弃，那么没耐心就是必然的表现了。

暴力性

多多是典型的暴力性倾向。这类孩子常常不能很好地控制住情绪，面对自己不感兴趣的事情，抵制的态度是非常强烈的，家长越是执意让孩子继续下去，孩子就越是萌发出"我不干了，我才不要这样"的想法。他们和家长对着干时，心里不仅讨厌这件事，而且还会怨恨让他们做这件事的家长，轻则抱怨几句表达不满，重则摔摔打打破坏物品，脾气大时连家长都不放在眼里。

多多不想钓鱼,也不想在游乐园玩,一心想要回家看动画片,面对妈妈的坚持,他反抗无果,心里可能是想着:"我把鱼竿摔坏,没法钓鱼,就可以回家了,就算没摔坏,妈妈看见我这么做,也会担心摔坏了鱼竿要赔钱,就会带我回家了。"多多妈妈的方法是以暴制暴,你态度横、我态度更横,这种方法只会让矛盾升级,暂时把孩子固定在了座位上,但不是长久之计。

此时孩子的耐心是极度缺乏的,不仅是对于这件非要完成的事,也针对家长的说教,他们不愿做、不想听。就像是一个充满空气的气球一样,家长不能再用针去刺破它,以求效果显著地瞬间放气,这样只会导致气球爆裂,正确方法应是慢慢地松开气球的充气处,控制好进度和力度,一点点地放气。所以对于暴力性倾向的孩子,教育的重点在于合理疏导孩子的怒气,可以通过转移注意力的方法,渐渐地泄掉孩子的气,等他们恢复平静时再晓之以理、动之以情,使得孩子可以理智地看待这件事。

3

注意力不集中,小心多动症惹的祸

情景再现

依依妈妈接到了老师的一个电话,就赶紧来到学校,推开办公室的门,第一眼看到的是依依背着书包坐在椅子上,一根一根地揪着手指头,嘴里不知道在嘀嘀咕咕什么,第二眼看到的就是班主任老师充满怒气的脸,老师用余光扫着依依,脸上的微笑都掩藏不住眼神中的不满。

"李老师,依依今天是不是又在上课时捣乱了?"依依妈妈毫无底气地说道。

"啊,也不是什么特大的事情,把您请来就是想让您问问她为什么要这么做，我是没问出来，她也不太愿意和我交流，我是真没辙了，您家这孩子啊。"李老师长叹一声，仿佛教学十几年来第一次碰到这么棘手的问题。

"您和我说说是怎么回事吧，她要是做错了，我一定好好教育她！"依依妈妈既希望老师告诉她事情经过，又害怕听到依依的所作所为。

"今天上数学课时，老师让同学们做习题，依依刚开始还在座位上，老师一扭头，再看她，座位就已经空了，走过去一看，她趴在椅子上呢，把习题本放在椅子上做，老师让她好好坐在椅子上，在桌子上做题，她也照做了。老师转身回到讲台，依依又跑到旁边的同学那里，拿人家的橡皮，同学不给，她就抢，把同学的手都挠破了。数学老师批评了她，让她继续做题。结果第三道题还没做完，她又跑到桌子底下，拿铅笔在地上划，老师没办法了，怕她影响其他同学，就让她到教室后面站一会儿。结果她又从左边走到右边，从右边走到左边，使劲儿用鞋底蹭地面。数学老师只好把她送到我这里来了。我问她为什么不好好做题，一会儿干这个一会儿干那个的，她也说不出来为什么。不光是数学课，其他老师也和我反映依依上课非常不专心，小动作太多，其他同学也有小动作，也有不专心听讲的，但都没有她这么严重啊，上课前告诉她要认真听课，可一上课她还是该干吗就干吗，我们老师都没招儿了。您做家长的，也得多帮帮我们啊。"李老师好不容易把事情经过讲完了，丢下这么一句怎么听怎么觉得是反话的"您做家长的，也得多帮帮我们啊"。

"唉，这孩子真是该好好教育了，我平时就是太惯着她了，都是我的错。"依依妈妈觉得异常羞愧，心想，老师表面说让家长帮帮老师，实际上明显是指责我这个当妈妈的没教育好孩子嘛。办公室里还有其他老师，太丢人了，这孩子，真是不省心啊。

"或许不是教育的问题——"李老师顿了顿，"有时候可能是因为小儿多动症吧。"

"多动症？"依依妈妈突然觉得这个词似曾相识，貌似幼儿园的老师就这么说过依依，不过她当时没当回事，以为孩子年纪小，注意力不集中、做事没耐心是正常的。

"是啊，有时间您带她去医院看看，要是真有这方面的问题，早发现早治疗，对孩子对您都好。"李老师语重心长地说。

"好的，我周末就带她去看看，给您和各位老师添麻烦了。"依依妈妈说道。再看依依，她已经不揪手指头，改成拿指甲挠自己的裤子了，对于妈妈和老师的谈话，似乎一点也没听到。

孩子的心里话

她们什么时候能聊完，我都饿了，究竟这是老师第几次叫家长了，我都不记得了，我不想上学，上课真没意思，要一直坐在那里，无聊死了，还要等着下课了才能去上厕所，真麻烦，还是待在家里自由，想做什么就做什么，没人管我，在学校，每个老师都要说我，烦死了。

家长应该怎么办

好动不等于多动症

老师怀疑依依种种不听话、坐不住的行为是多动症的表现，她的判断依据是"注意力不集中是小儿多动症的主要症状"。其实孩子好动并不一定都是多动症，但孩子过分好动也不一定只是活泼而已，家长们要根据孩子的实际情况进行判断，既不能过分担忧，也不能大意忽视，任其发展会影响孩子的学习成绩和适应社会的能力。

小儿多动症的全称是注意缺陷障碍小儿多动症，又被称为轻微脑功能障碍或轻度脑损伤。多动症孩子的智力一般正常，只是他们的行为和正常儿童有一定区别，表现出一种行为障碍，6岁以上的孩子才能进行有无多动症的判断。

如何判断孩子是多动症还是好动

多动症的孩子注意力涣散。他们的注意力停留在一个事物上的时间都很短，无论何时何地何事，外界的一点声响、一处光影都会分散走注意力，而且他们没有自己的兴趣爱好，几乎做什么事情都是半途而废，不管是听课、写作业，还是做游戏，都很难坚持下来。这种注意力涣散是不自觉、不受自身意志控制的。而好动的孩子虽然也有注意力不集中的情况，但多发生在不喜欢的事情上，对于他们所喜欢的事，往往能排除周围的干扰因素，投入极大的专注力，从始至终地完成。6岁的孩子如果有3分钟以上的注视力、20分钟以上的注意力，就绝对不是多动症。比如孩子平时学习没有耐心，写作业时坐不住，总是玩一会儿写一会儿，但他可以连续一两个小时阅读一本书，或者看一部动画片，那么就不能判断为多动症。

多动症的孩子冲动、任性。他们做事情没有明确的目的，基本不考虑后果，想到了就去做，甚至不知道自己为什么要这么做。兴趣点的切换是以分钟来计算的，一件事刚刚开始，便搁置一旁，又去做其他事情，没有计划，也没有条理。他们经常会无缘无故地奔跑起来、上课时坐立不安、在教室里大声喊叫、集体活动的时候掉队，甚至有破坏性行为。而好动的孩子也会表现出冲动和任性，但多数具有一定的目的性，有自己的计划和想法，他们转移目标是有原因的，放弃一件事也是有原因的。

多动症的孩子自制能力差。他们的多动行为不分场合、不分地点，不管是家里还是学校，不管是在自己的卧室还是在学校的礼堂，他们都极度缺乏自制力，不能对自己的行为进行约束。而好动的孩子虽然平时做事没有耐心，但他们能区分场合地点，在重要的场合、重大的事件上，表现出纪律性和专注力，能够很好地控制自己的言行。

多动症的孩子脾气暴躁。他们的情绪起伏很大，一句话、一个眼神，可能就引得他们突然大哭，但几分钟后又仿佛一切都没发生过，继续做别的事情去了。而好动的孩子虽然也有脾气坏的时候，但极少发生那种莫名其妙的哭闹和生气。

依依的种种行为是徘徊在好动和多动之间的。她上课时坐不住，罚站时也走来走去，坐着时不是掰手指就是挠裤子，如果她是因为不喜欢做习题、不喜欢被罚站、不喜欢被老师留在办公室而做出这些举动，以此表达自己的百无聊赖和不满情绪，那么就是有一定目的性的好动表现；如果她完全不知道自己这么做的原因，就可以初步怀疑是多动症了。

使孩子患多动症的原因有内因和外因。内因包括家族遗传，以及出生时由于感染、缺氧、窒息造成的大脑损害；外因包括家庭氛围不好、学习压力过重、营养过度、铅中毒等。想要预防儿童多动症，家长现在能做的就是为孩子创造一个温馨和谐的生活环境，管教太严、期望过高，都会造成孩子的精神损伤、诱发多动症，另外还要让孩子养成一个合理的饮食习惯，不挑食不偏食，少吃含添加剂过多的垃圾食品，还要有充足的睡眠和适当的体育锻炼。

家长若是认为孩子存在严重的注意力方面的问题，最好咨询医生，请专业人士来判断孩子是否患有多动症。

4

环境影响，让孩子的耐心被消磨掉了

情景再现

新学期开学了，漫漫拿回来学校发的新书。妈妈拿过来一些海报对漫漫说："这些海报很漂亮吧，咱们用它们来包书皮吧。"

漫漫看着花花绿绿的海报，嗤之以鼻地说："漂亮什么啊，现在谁还稀罕明星海报啊，这都是您攒了多少年的东西，我才不要呢。"

妈妈见自己的审美眼光被孩子无视了，只好说："那咱们去买点好看的包装纸吧，那种卡通的，好吗？"漫漫勉强答应了。

买回了包装纸，妈妈就开始着手教漫漫怎么包书皮了，裁剪大小、按压痕迹、裁剪边封、折叠、用胶带粘住，写上书名、班级、姓名,一步步都手把手地教漫漫做。但漫漫的积极性并不高,反倒是妈妈找到了小时候上学的感觉,不亦乐乎地包着书皮。

妈妈包了几本漫漫的新书,打算把自己新买的那几本小说也包上书皮,就对漫漫说:"你把剩下的新书都包好书皮吧,我去包我自己的书,咱们比赛,看谁包得快、包得好。"

漫漫爱理不理地应允,用手随意地扒拉着包装纸。

等妈妈包好了自己的小说,再来看漫漫的进度时,发现那几本剩下的新书依旧原封不动地躺在桌子上,再一看漫漫,她正躺在床上看杂志呢,惬意得很。

"你怎么不包书皮啊?我都包完了,你还没动手呢。"妈妈问道。

"我才不要包书皮呢,我没有那个耐心,现在谁还自己拿纸包书皮啊,多麻烦,超市里都有卖现成的书皮,一套上去就可以了,比这个好看多了,也花不了多少钱,自己包书皮太浪费时间了。"漫漫如是说。

"包书皮只是为了要保护好书吗?这是在锻炼你的动手能力,也是一种乐趣,我小时候一开学,最开心的事就是包书皮了,你们现在倒好,要什么有什么,所以就什么都没耐心去做了,削铅笔有自动铅笔刀,装文具有自动文具盒,书包都是拉杆书包,还有平板电脑,遇到不会的问题就去网上查,因此连字典都不会用了吧?"妈妈感叹道。

孩子的心里话

妈妈真是老土啊,居然还要我自己包书皮,那么多本书,一本本的,要包到什么时候啊?我才不愿意在这件事上浪费时间呢,还不如把省下的时间用来做点别的,现在都什么时代了,谁会安安静静地坐在那里,就为了给几本新书包书皮?

60个妙招 帮你培养孩子的耐心

❓ 家长应该怎么办

社会环境对孩子耐心的影响

从出生伊始，现在的孩子就生活在一个便利的社会，什么都是唾手可得的，所以在他们的意识里，理所当然地认为耐心地完成一件事有时候是没有必要的，完全可以寻求更快捷便利的方式，漫漫就是这样的想法："既然现在有现成的塑料书皮卖，为什么还要自己费力地用纸来包书皮呢？"

有时候并不是孩子刻意地对某件事无法集中注意力、付之以耐心，而是这个社会给了孩子更多的选择，让他可以不付出耐心就能达到目的。不需要耐心也可以完成得很好的事情越来越多，孩子的耐心也就被消磨得越来越少，遇到了必须要用耐心来完成的事情时，他就力有余而心不足了。

家庭环境对孩子耐心的影响

家庭对孩子耐心的影响是多层次、多侧面的，包括实物环境、语言环境、心理环境和人际环境。其中心理环境是影响力最大的，它是指家长与孩子之间的相互态度及情感交流的状态。家长作为孩子最直接的学习榜样，其教育态度和教育方法最能影响孩子的行为和心理。

1.家长的一次敷衍

也许在孩子小时候有那么一次，他想要做什么事，或者是请家长帮忙，而家长正在忙别的，于是随口对他说："等一会儿。"但之后却忘记了孩子的请求，几小时或者一天就这么在孩子所理解的"等一会儿"中过去了，于是孩子便会觉得"等一会儿"是一个和"很久很久"同义的词语。

所以，如果家长真的需要让孩子"等一会儿"，请一定在后面补充上具体要等多久，5分钟、10分钟还是半小时，还是具体某个事情完成的时候，让孩子渐渐在等待的过程中明白5分钟是多久、半小时是多久，自己的耐心能坚持多久。

2.家长的一次帮忙

有些家长的教育理念是一切都为了孩子，再难也不能回绝孩子的要求，不然就觉得对不住孩子。所以随时为孩子提供着无微不至的帮助和保护，事事顺其所为、遂其所愿，有求必应。但这样的过分包办代替的成长环境，却使得孩子因宠而娇，养成了极大的依赖性，什么事情都不愿意去亲力亲为，遇到些许困难，就表现出缺乏耐心、有始无终了。

3.家长的一次责骂

有些家长看不惯孩子的所作所为，不会采取适当的教育方法，而是唠叨个不停，或者是概地粗暴责骂，目的是让孩子更专心，但反而干扰了孩子的注意力和兴趣，让他无法全神贯注。

4.家长的一次争吵

有些家庭夫妻关系不好，三天一小吵，五天一大吵，鸡毛蒜皮的小事都能演变为拳脚之争，长期生活在这种嘈杂的家庭氛围里的孩子，从小就没有养成安静专注的习惯，做事也就难以持久了。

5

父母代劳，让孩子失去了该有的耐心

情景再现

兰兰原本是个聪明懂事的孩子，可是妈妈发现了一个问题：自从兰兰的奶奶搬到家里来住之后，兰兰渐渐变得懒惰起来。这两件事有直接关系吗？妈妈百思不得其解。

直到有一天，她在厨房收拾碗筷，看到兰兰已经写完了作业，正看着电视，不断地换着频道，似乎没有什么值得看的节目，便对兰兰说："兰兰，可不可以帮妈妈扫一下客厅呀？"

兰兰老大不乐意地说："我看电视呢。"

妈妈说："现在不是没什么好节目嘛，起来活动活动，别把眼睛看坏了。"

兰兰只好噘着个小嘴，不情愿地拿起扫帚扫了起来。刚过去两分钟，在厨房忙碌的妈妈就听见客厅没了动静，随后听见兰兰拉长声音喊道："奶奶，奶奶，奶奶来帮我扫地吧，我累了。"

兰兰的奶奶本来在卧室里看书，听见孙女的召唤，立刻走出来说："给我扫帚，你歇着去吧，明天还得上学呢。"然后便接着扫起地来，兰兰则又坐在沙发上，继续换着频道。

"妈，您别这么惯着她啊，才两分钟，至于那么累吗？她就是懒。"妈妈忍不住说。

"我马上就扫完了，她哪有我扫得干净啊，兰兰要是扫不干净，你不是又得说她。"奶奶"据理力争"地说道。

兰兰妈妈对这件事颇为无奈，自己想要锻炼孩子的动手能力，可是老人的溺爱又"说不得"，实在两难。

孩子的心里话

真的不想去扫地啊，即使电视里没有好节目可以看，也不想去扫地，像是有什么力量阻止我继续扫地一样，心里一直有两个声音："我不想扫地"和"奶奶会帮我"。不管是什么事情，只要我说我累了或者我不会，奶奶都会帮我完成的。奶奶是我的大救星，有奶奶在，真的是轻松好多，可有一天奶奶要是不在了，我该怎么办呢？

家长应该怎么办

哈佛大学就曾经做过一项调查：会做家务的孩子和不会做家务的孩子，大学毕业后的就业率是15:1，犯罪率是1:10。由此可见，做家务能够帮助孩子培养他做简单、烦琐、重复事情的耐心，而家长越俎代庖后却造好的舒适环境会使孩子渐渐失去求知欲，更失去了为人处世中重要的品质——耐性，甚至会让他的脾气和个性变得骄纵任性，危害着孩子的健康成长，将来在这个社会中的竞争力也会减弱。这种保姆式的养护，会剥夺孩子自己动手的机会，而那些经常被家长亲自动手帮忙纠正错误的孩子，常常表现出不自信，觉得"也许我真的是什么都做不好"，于是便在遇到问题时选择回避的态度，原本能够依靠自己能力解决的问题也因为害怕失败而丢给家长。

其实归根结底，所谓的代劳，在爱的表象后，我们看到的却是"自私"的内髓。家长的虚荣心往往在其中作祟，一些家长为孩子代劳，帮忙写数学作业、写作文、做手工的初衷是希望这份完美的作业能让孩子在班里脱颖而出，得到老师的表扬、同学的钦佩，有时家长营造出的孩子各方面能力都很强的假象甚至会让自己信以为真。过于控制孩子的生活，反而是孩子产生"不劳而获"心理的培养器，最终带来的并不是他原本应该正常拥有的生活。若是家长把孩子生活中的方方面面、要经历的事情、可能遇到的困难、将面临的选择等，都已经想到了周全的计划和对策，那么孩子就只会在父母的"周全"中去享受，一旦将其放到没有父母帮忙的环境中，他就会变得事事都想得"不周全"，这时候倘若家长再去责怪孩子的幼稚和愚笨，孩子们是否可以反驳一句："你没有教过我该怎么做，我要做的事情你都已经帮我做好了，你根本没给过我学习的机会，现在怪我不学习？"面对这样的话，当初原本是怀着满满的爱的家长，回头看一看当时自己手中的爱，真的是孩子需要的爱吗？还是束缚住他向前奔跑的脚链？

第二章 培养耐心，摆不正自己搞不定孩子

身教重于言教，家长从来都是孩子的一面镜子，想要培养孩子的耐心，家长一定要从自身做起，给孩子树立良好的学习榜样。如果自己都做不到凡事耐心用心，又怎么能要求孩子呢？一边毫无顾虑地在孩子面前展现自己的不耐烦和暴脾气，一边苦口婆心地劝导他要耐心，就如同用漏了的水盆接水一样，何时才能圆满？

这一章讲的是家长应该如何从自身做起，用身教配合言传，使其更具说服力，用自己的言行为孩子确立行事的法则，让教育这件事变得更加轻松有效。

6

修正心态，毕竟是孩子，偶尔犯错也难免

情景再现

力力又一次搞砸了妈妈交代他的事情，正在被妈妈教育呢。

"我早就说过，做事情不能半途而废，你怎么就是不听？我刚才让你去煮饺子，千叮万嘱地说了，要在旁边看着点，勤翻动，别粘在一起，结果你干什么去了？一点耐心都没有，盖上锅盖就不管了，现在你看看这饺子怎么吃？全都皮儿是皮儿、馅儿是馅儿了，有的还糊在了锅底，你怎么什么事情都做不好，就不能安心待在那里看着锅吗？到处乱跑什么？"妈妈厉声喝道。

"对不起，我不是故意的。"力力说道。

"对不起有什么用？家长的话怎么就听不进去呢？连个饺子都煮不好，以后怎么独立生活？你都几年级了，煮饺子是件很难的事情吗？"妈妈不依不饶地教训着。

"我原本是在厨房看着饺子的。后来听见敲门声，是快递叔叔来送东西，我去开门，光想着看看是什么东西了，就去拆包裹，发现是您给我买的新玩具，顺手玩了一下。一时高兴就把煮饺子的事情完全忘记了，真不是故意的。"力力解释道。

"你把饺子煮成这样，对得起我给你买的新玩具吗？"妈妈说。

"反正我和爸爸都不爱吃饺子，不如咱们去饭店吃吧？"力力说。

"就因为你不爱吃饺子，所以就不好好煮饺子，非要把饺子煮坏

了，好有个理由去饭店吃饭是吗？"妈妈追问着。

"什么啊，您能不能不要这么冤枉人？"力力有点不高兴了。

"我哪里冤枉你了，事实就在眼前！"妈妈越说越来气，在她的眼中，这件事完全是力力蓄谋已久的行动。

孩子的心里话

妈妈真是不可理喻，虽然我确实是因为不喜欢吃饺子，所以没有耐心在那里看着锅、翻动饺子，以至于被其他事情给吸引走了，把饺子煮坏了，但我真的不是故意的啊，妈妈一点都不理解我，还冤枉我，唉。

家长应该怎么办

力力妈妈属于那种眼里容不得半粒沙子的人，她交代给力力的事情，力力必须圆满地完成，如果出错了，那就必然要遭到责骂。

这样严厉的教育方式真能让孩子学会耐心地完成一件事情吗？这次妈妈的大发雷霆，真能让力力下次煮饺子时不再注意力涣散，从始至终地"照顾"好每一个饺子吗？答案是"不尽然"。

挑错教育的几大弊端

有些家长总是因为孩子的错误而乱发脾气，三句话不到就暴跳如雷，一个劲地给孩子挑错，常要求孩子像大人一样地做事。不管孩子怎么努力，他们都不满意，以为严格要求对孩子的成长有好处，殊不知，如果家长太苛刻地对待孩子，揪着缺点不放，反而会南辕北辙地激发出孩子的不良情绪，不利于他的成长。

家长越是瞧不起孩子，看不上孩子的所作所为，孩子就越发地变成家长口中的"没耐心的孩子"。因为孩子在低龄时，自我意识正处于客观化时期，家长的评价就像是模具一样，给孩子灌输的是消极的思想，打击着孩子的自信，伤害着孩子的自尊，制造出这样一个"一无是处"的模具来，孩子变得缺乏耐心、事事无成也就不奇怪了。

家长的挑错教育还打击了孩子做事的积极性，本来他可以将这件事情耐心地完成，因为孩子渴望得到老师的表扬、家长的夸奖，但家长只关注孩子做得不好的地方，忽视他付出的努力，总把孩子的毛病看在眼里、放在嘴边，动辄得咎的生活会让孩子觉得再努力也换不来家长的认同，倒不如随心所欲地做事来得轻松。

等孩子慢慢长大了，有了自己的观点，有了自己的主见，家长再去一味地挑错批评他，孩子就要开始反抗了，轻则沉默冷战，重则离家出走。久而久之，孩子也会如法炮制对待别人，不仅自己做事没有耐心，就连和别人的正常沟通都没有耐心了。

家长要修正心态，学会宽容孩子的无心之过

看到孩子做事没耐心、把事情搞砸时，家长要尽量保持冷静，审视自己的情绪状态，学会换位思考，即使是天大的错误都不能不问青红皂白地将愤怒的矛头全指向孩子，千万别把不良情绪传染给孩子。家长如果实在气得不行，也不要急于找孩子发泄，冲动的时候对孩子的评价必然是有失偏颇的，口不择言是一把利剑，会刺伤孩子的心。不妨先花点时间调整情绪，等到自己的情绪稳定时再去客观地分析孩子为什么这么做，倾听孩子的解释，了解孩子的想法。家长能给孩子一点点宽容，孩子就多了一点点自我提升的空间，步步紧逼的指责只会让孩子破罐子破摔。如果孩子的初衷也是想很好地完成这件事，但受到了意外因素的干扰，导致犯错，这便是情理之中的无心之过，家长应该对他的想法加以认同，赏识孩子取得的每一点进步，在此基础上引导孩子如何排除干扰、专心做事，教会孩子保持耐心的方法。

7

言传身教，你性子急，孩子不畏怯就霸道

情景再现

奕奕爸爸的裤子破了一个洞，不大不小的，无法忽视它继续穿出门，但也没到必须扔掉的地步，于是他对奕奕妈妈说："帮我补一下，明天还要穿的。"

妈妈找出针线，开始修补起来，看起来很简单的一个破洞，可缝起来就复杂多了，妈妈换了好几种针法，都缝得不尽人意，破洞越发地明显了。眼看着睡觉的时间到了，缝补工作还没完成，妈妈开始抱怨："缝不好啊，你怎么弄破的啊？真是给人找麻烦，穿的时候就不能注意点吗？"

眼看着奕奕和爸爸都准备钻进被窝了，可自己还在和破洞作斗争，妈妈心里颇为不满，不耐烦地说："不缝了，不缝了，真闹心，明天你穿别的吧，我拿去裁缝店修补一下。"

"你不是还差几针就缝好了吗？我看缝得还行，干吗放弃啊？"爸爸说道。

"行什么啊，难看死了，缝不下去了，明天再说吧！"妈妈把裤子扔在了一旁。

这一天，奕奕在家写作文，妈妈在一旁指导。奕奕写完了开头，开始写主要内容了，可是越写越觉得没有思路，不知道如何措辞，勉强写了200字之后，索性把笔往桌子上一放，起身就要走。

妈妈一把拉住他："作文还没写完，要去哪儿啊？"

"我去找去年的作文本。"奕奕说。

"为什么啊?"妈妈问道。

"这回老师出的题目和去年的一个作文题很像,而且这个语文老师是今年新来的,我直接把去年的作文抄上去不就行了吗?反正我现在怎么写也写不出来,一点思路都没有。"奕奕自作聪明地说。

"这不是作弊吗?"妈妈说。

"我又没抄别人的,算什么作弊啊?"奕奕觉得自己有理。

"这种行为是不对的,你就不能静下心来找找思路吗?说不定能比去年写得更好呢,不要这么没耐心好不好。"妈妈教育道。

"还说我呢,您不也是一样没耐心吗?上回爸爸让您帮他缝裤子,您缝了一半就不管了,我怎么就不能写一半就不写呢?您去找别人帮忙缝,我找自己以前写过的作文,怎么就不对了?您不想费力气缝裤子,我还不想费脑子写作文呢。"奕奕不甘示弱地说。

孩子的心里话

妈妈就是一个没耐心的人,干吗说我啊?她做什么事情都是三分钟热情,坚持不了多久。上回说要减肥,结果刚节食两天,就受不了,偷偷地买蛋糕吃,被我发现了,于是干脆就不减肥了。我抄自己的作文才不算作弊呢,顶多算是废物利用,否则,重新想内容,重新组织语言,多累啊,我可没那个耐心。

家长应该怎么办

在生活中,有很多个像奕奕妈妈这样的家长,发现孩子的问题时,很少会积极自省。自己做事有一套行为习惯,却要求孩子执行另一套完全不同的行为习惯。相对于自我成长,这些家长对教育孩子更感兴趣,乐于扮演"教育者",居高临下地对待孩子的错误。但要知道,很多时候孩子缺乏耐心的举动恰恰是从家长那里学来的,就像是擦玻璃上的灰尘一样,你使劲儿地擦这一边,却怎么也擦不掉,因为灰尘是附着在玻璃的另一面的，家长使劲儿地想要改正孩子的急性子，培养他的耐心，却收效甚微，因为这个急性子的源头是在家长的身上。如果家长的脾气急躁，就会同时带动出孩子的不安与反叛，他会存在畏怯或者霸道等情绪问题，一方面，家长对待孩子的错误，不问缘由、暴跳如雷，让孩子长期处于紧张的心理状态，孩子就会心生惧怕；另一方面，家长做事也常是这样半途而废，不严格要求自己，孩子就会言行霸道，学家长一样随心所欲地做事。

家长应该如何改变自己的急性子

想要让孩子学会忍耐，拥有对待一切事物的耐心，家长首先应该学会忍耐，不管是对于自己的事情，还是教育孩子的事情，都要拥有耐心，慢慢地改善自己的急性子。

和孩子说话时，要耐心一点，不要急着向孩子灌输自己的意见和期望，甚至大动肝火，更不要把你对生活的不满发泄在孩子的身上。如果一味地宣扬自己的主张，忽略孩子的想法，很少能认真地听孩子把话说完，孩子会觉得家长不在意自己，这种所谓的"沟通"只是自己处于劣势的一种批判大会而已，不舒服的感觉必然会让孩子越来越不听话。每当孩子出现不耐心的问题时，家长反而要耐心地对待，不妨先冷静一下，在心里默数几个数字，想一些快乐的事情，调整自己的语调、表情、肢体语言，对孩子的行为举止产生正向的情绪反应，以开放的姿态给孩子一个心平气和的谈话环境，淡化他心中的急躁情绪。

在生活中，家长要以身作则，为孩子做个有耐心的典范。例如在排队时、等红绿灯时、堵车时，家长是应该满嘴抱怨，去插队、去闯红灯、去狂按喇叭呢？还是应该按捺住心中的烦躁，控制住心中的怒气，把这次不好的状况变成一个教育孩子的好机会来展示给孩子，遇到这样不顺心的事情，家长是怎么耐心应对的，有什么良好的结果。让孩子明白：有时候外部环境让我们不能马上完成自己的意愿，并不完全是一件和自己作对的很糟的事情，相反地，这种等待的情况，将我们有限的时间中圈画出一小段，强制我们"自由"地支配这段不可抹去的存在，与其焦躁抱怨，不如利用它去完成其他事情，先前非要实现不可的意愿可以暂放一旁，静下心来，实现其他意愿。当孩子周围所有人都能耐心地做事之时，孩子就会觉得不耐心做事是一种离群的行为，会主动地加以避免了。

8

重过程轻结果，莫以分数高低论英雄

情景再现

呱呱是一个男孩，爸爸给他起这个名字就是希望他将来能出人头地，做什么事都是顶呱呱的。呱呱似乎也不负众望，学习很努力，别的同学放学后都去疯玩的时间，呱呱全用来复习功课和参加各种补习班了，每次的考试成绩都是班级的前几名，家长会上也是老师重点表扬的对象，爸爸颇为自豪。

新学期的第一次考试成绩出来了，呱呱是班里的第六名，虽然成绩也算起伏不大，但爸爸非常不满意。因为这不是一次普通的考试，老师要按照考试的名次排座位，呱呱的第六名让爸爸觉得很没有面子，他的期望是第一名，而且全部是满分，呱呱尽了力，但仍然在作文上丢了分。

"你怎么考的？怎么就能写跑题了？下笔时想什么去了？我很失望，你知不知道！"爸爸生气地说。

"对不起，我下回会努力的。"呱呱说。

"你的总分就比第一名差8分，怎么就不能考得好一点？题目很难吗？他上回期末考试是第三名，你还是第二名呢，现在怎么差这么远了？一定是你不好好学习，上课没有认真听讲，落后了。"爸爸说道。

"我上课挺认真的,这次只是一时失误而已。"呱呱为自己辩解着。

"下回考试你必须给我考个双百,要不然什么新玩具都没有了。"爸爸威胁道。

"我平常学习很努力啊,万一考不好,也不是我能控制的事情。"呱呱说。

"我才不管你平时学习努不努力呢,我只要看到你考试的成绩怎么样,比别人低我就不高兴!我不想在家长会上听到老师表扬其他人,然后说你的成绩退步了,丢人!"爸爸非常专横地说。

呱呱不说话了,他陷入了沉默。这天之后,呱呱悄悄地发生着变化,上课时开始走神了,有时老师叫起来回答问题,他却不知所云,回家写作业时,也经常坐不住,写几道题就开始惦记晚上吃什么、看什么电视,有时甚至到临睡前也写不完作业……这些变化,爸爸似乎并未关注,他只是在每次考试之后过问一下呱呱的成绩,看到分数蛮高的,就赞扬几句,殊不知自从那次谈话之后,呱呱不再好好学习了,而是找到了让自己不用努力还能获得高分数的方法——作弊。

这一次,呱呱的作弊失败了,被老师抓了个现行,老师怎么也没想到学习成绩一贯班级前列的孩子竟然会作弊,于是叫来了呱呱的爸爸。爸爸震惊地听着这个消息,为什么自己的严格要求换来的却是孩子的撒谎和欺骗呢?

孩子的心里话

反正爸爸要的只是最后的成绩单,他根本不在乎我的学习过程,不在乎我上课时什么样,作业写得怎么样,我为什么要好好学习,让自己那么累呢?不如上课时打个盹、看看课外书,放学之后和同学一起出去玩、边吃零食边写作业,让自己轻松一些多好。考试的时候"做足准备"就可以了。

❓ 家长应该怎么办

故事中的呱呱本来是个勤奋好学的孩子，从没出现过缺乏耐心的行为，在同学们都出去玩的时候，他还能安心在家里学习，可谓是富有耐心的典范。但爸爸盲目追求成绩，看不到，也不关心他的学习过程，这让呱呱似乎感觉到努力学习并没有什么用，想让学习成绩名列前茅的方法有很多，比如一条捷径——作弊。于是在爸爸的重压之下，他选择了放弃对自己的严格要求，不再安心学习，变成了缺乏耐心而且还欺上瞒下的孩子。

家长要知道，每个孩子都是独一无二的，就如同卢梭说过的那样："我是上帝独特的创造物，上帝造完我就把模子毁了！"而且孩子的成长速度也是不一致的，一些孩子小时候就非常突出，各方面都出类拔萃，一些孩子成绩平平，没什么过人之处，不过会在某个阶段受到激发，突然就发展起来了。现在社会上的成功人士也几乎都不是当年学校里的第一名，他们的成绩处于中上游，拥有更灵活的学习目标，更轻松的学习过程，更融洽的人际关系，所以才能全面发展、出人头地。

所以，请不要让孩子每一次成绩的好坏成为家庭关系的晴雨表，以分数高低论英雄是不对的。所以当孩子做得好的时候，家长要做的是多多去表扬孩子在这件事的过程中所付出的努力，而不是最终的分数，要告诉孩子："你平常上课专心听讲，没有三心二意，写作业时也能排除周围的干扰，一口气写完，对学习很有耐心，所以才能取得今天的好成绩，比起成绩来，爸爸妈妈更重视你的学习过程，更希望看到你重视学习、付诸全力的样子。"这样才能清楚地让孩子知道"爸爸妈妈在乎我，他们在关注着我，所以我每一步都要做得很好，一刻也不能松懈"，也能够使孩子更有信心面对困难。

9

爱有爱道，让孩子独立，不要大包大揽

情景再现

铭铭在做朗读作业时遇到了瓶颈，有一句话总是读不通顺，里面有几个生字，妈妈教了他几遍，他也没记住，索性第二次读到这里时就跳过这句，读下一句了。妈妈看在眼里，急在心上，由于这篇文章明天老师会抽查几个同学来读，比比谁读得好，所以妈妈不得不伸出援手了。每次铭铭读到这句时，妈妈就会帮他读出来，好让他能连贯地读下文。

"他会不会命令我们从现在开始，都得住在树上，成天抓着藤条荡来荡去？"妈妈帮铭铭读出这句课文。

"谁知，小猴子只说了一句话……"铭铭接着读下去。

妈妈见铭铭把后面读得不错，就安心做饭去了。

铭铭开始读第八遍了，可这次妈妈不在身边，他读到"成天抓着……"时就开始不知所措了，"这个字念什么呢？"铭铭在心里嘀咕着，"藤"字他不认识，那就继续读吧，"汤来汤去"？好像也不对啊，去问问妈妈吧。

"妈妈，刚才那句话是怎么读的来着？我又忘记了。"铭铭大声冲着厨房里的妈妈喊道。

"你说什么？我没听清！"妈妈也在厨房里大声喊道，厨房里开着油烟机，声音很大，盖过了铭铭的声音。

"我说，刚才那句话是怎么读的来着，就是我有不认识字的那

句！"铭铭加大了音量。

"我现在炒菜呢,走不开,你先别管那句了,自己往下读去吧。"妈妈实在是分身乏术。

铭铭只好回到卧室,跳过这一句继续往下读。等他开始读第九遍时,妈妈仍然在厨房忙碌,看着那几个字,铭铭心里烦躁得不行,于是把书本一合,扔进书包里,干脆玩别的去了。

等第二天上课,铭铭居然被老师点名朗读课文,他的脑袋一下子就蒙了,刚开始读时,就想着:后面的那几个字我没记住啊,一会儿肯定要读不出来的,妈妈不在这里,怎么办啊?所以就连开头早就学会的那几个字也都读错了,结结巴巴的样子连老师都看不下去了,连连摆手示意他"不用读了,坐下吧",然后换了其他同学来读,这让铭铭觉得相当丢脸。

孩子的心里话

越怕老师点我来朗读,老师就越是点到我的名字。昨天那几个字难得我一点都不想读下去了,刚开始妈妈还帮我读,有妈妈帮忙真好,可后来她忙别的去了,没办法帮我,我就一点都不想再读了,完全坐不住啊。哪知道今天会偏偏点到我呢,真是倒霉。

家长应该怎么办

家长的"爱"也是有很多种方式的,铭铭妈妈选择了大包大揽,为孩子解决困难之处,而不是教给孩子解决问题的方法,造成了铭铭没有独立处理问题的能力,由此渐渐失去了在学习上的耐心,遇到问题就去叫妈妈来帮忙,得不到帮助的时候就干脆放弃、不做努力。

家长事无巨细地大包大揽,事事姑息迁就,使孩子缺乏独立性,逐渐养成了依赖心理,以至于他从来没有机会意识到可以靠自己克服这些困难。这种依赖的心理又转化成了急躁的个性,一旦离开家长的怀抱,得不到及时的帮助,孩子就会举步维艰,变得待人急躁没耐心、待事虎头蛇尾草草了事。

想要让孩子拥有耐心，就应该养成孩子的独立性，培养孩子独立处理事物的能力，一旦他掌握了方法，提升了能力，也就能一气呵成地完成一件事、持之以恒了。

与其全面帮助，不如点到即止，在孩子遇到困难时，放手让孩子自己去干、去碰、去想。家长尽可能为孩子提供自主思考的机会，只给他一点点提示，启发他善用自己已经掌握的能力去独立解决问题，必要时可以和孩子一起合作完成，但必须要保证孩子真正地参与到这件事情中来，付出了努力。

与其全面呵护，不如为孩子提供磨炼的机会，让孩子尝尝失败的滋味，教会他如何从失败中站起来，不再畏惧。让孩子正确对待失败、锻炼孩子的意志是帮助他独立自主的重要环节，使孩子在"不如意，不称心"中测试自己的能力，提高分析问题、解决问题的能力，下次出现"不如意，不称心"的时候才不至于打垮孩子，能自信地在新困难出现时处理它们。只有不畏惧失败的出现，才能让孩子拥有把一件事坚持到底的耐心。

10

由浅入深，要适应孩子的接受能力

情景再现

洁洁十万个不愿意地去参加钢琴班了，是妈妈执意让她学习的。但刚上了第一节课，洁洁就觉得自己完全不想再来第二次了，因为她一向分不清每个音阶的声音到底是什么样的，有什么区别，更看不懂五线谱，天生就没有音乐天赋啊。可妈妈说她手指修长，最适合弹钢琴了，如果不学习这个，就浪费资源了，等等。洁洁对此不予认同，无奈妈妈是权威，只好硬着头皮去学。

上课时老师在上面讲，洁洁就在下面发呆，看着钢琴的黑白按键开始走神，一会儿想到了黑白颜色的曲奇饼干有多好吃，一会儿想到了自己有一件黑白条纹的T恤，应该怎么搭配裤子，一会儿又开始犯困，老师的话和钢琴的声音就像是催眠的咒语一样在不想学习钢琴的洁洁身上发挥着奇效。

晚上回到家，妈妈让她在钢琴上练习今天学的内容，她也三心二意的，弹了几下后，就开始走音了，索性破罐子破摔，乱按起来。妈妈听到房间里传来不和谐的声音，说道："瞎弹什么呢？这是老师教的吗？你能不能稳一点，耐心好好弹，再这么使劲儿地瞎按，琴都让你按坏了。"

"我是在创作呢！"洁洁给自己找台阶下。

"还没学会走，就想去跑？"妈妈完全质疑。

"妈妈，我真的学不会啊，你就放过我吧，别再让我学了，我根本没有这个天赋啊。"洁洁乞求道。

"说什么呢？学费都给你交了，钱不能白花，你刻苦一点，多练习，就一定能学会的，还是你自己不上心。"妈妈说。

"我连唱歌都跑调，怎么能一下子就学会弹钢琴呢？对我来说太难了，你要我安心坐在这里弹钢琴，根本是在强人所难嘛。"洁洁说。

孩子的心里话

妈妈总是这样自以为是，她觉得我应该学钢琴，我就要学钢琴，都没考虑过我根本不是这块料，老师讲的东西我听不懂，又怎么会耐心地听课呢？妈妈根本不知道我喜欢什么、擅长什么，总让我学习那些我既不感兴趣、又不擅长的东西，好烦恼啊。

60个妙招 帮你培养孩子的耐心

❓ 家长应该怎么办

洁洁妈妈想让洁洁学习钢琴，充分利用她手指修长的特点，希望她能在音乐领域有所作为，期望是好的。只是洁洁并不这么想，她觉得妈妈的所作所为是"强人所难"，因为她对音乐根本一点兴趣都没有。面对洁洁在学习钢琴时的不耐烦、坐不住的行为，妈妈归结为是源于"不刻苦，不练习"。

教育要配合孩子的接受能力

孩子不同，他们对待同一件事的反应也不同。有的孩子喜欢自己做事，如果有人监督、提醒，反而容易分心，显得不耐烦，他们不接受别人的"帮助"；有的孩子自觉性较差，喜欢做事时有人帮忙，有人督促着，一旦少了旁人的指点，就会手足无措，表现出耐心的缺乏，他们不接受家长的完全"放养"。同样是无法坚持不懈地完成一件事，有的孩子对于家长的批评很在意，每一句指责对他们来说都是鞭策和警醒，他们乐于接受客观的批评，以求更全面地改进自己；有的孩子则听不进去一丁点儿的不同声音，家长越是批评，他们越是要把事情搞砸，非要对着干，但对于家长的鼓励和支持却非常受用，不经意的一句表扬都会成为他们锲而不舍的动力之源。所以对于不同的孩子、不同的任务、不同的环境，家长要特别注意孩子对任务的情绪反应和行为反应，根据孩子的能力和其他客观因素由浅入深地提出要求、进行教育。

学习上要由浅入深，从容易的教材入手

在学习上尤其要注重教学内容的循序渐进，如果一开始就让孩子接触较难的教材、学习较难的知识，超过了他本身的能力，会让他丧失学习兴趣，必然也失去了耐心。如果孩子本身就是缺乏耐心的孩子，那么更要注意从简单的教材入手，等孩子能很好地理解并加以运用、产生持续下去的兴趣之时，再考虑逐渐增加难度和内容，把孩子的耐心稳定在一个他"能

做到"和"愿意做到"的范围内,他就可以有条不紊地继续下去,反之,如果像洁洁妈妈一样强迫孩子一下子就投入较难知识的学习中,就会让孩子的自信心受挫,感觉力不从心,耐心渐渐耗尽,不是散漫对待,就是暴力反抗了。

"少食多餐"地给孩子安排任务

家长应该学会将一件大任务进行合理的分割,就像是给孩子喂饭一样,想让孩子吃掉一两肉,是应该把整块肉都塞到孩子的嘴里呢,还是切成肉丁,让孩子一口一口地细嚼慢咽,好好消化呢?想让孩子每天摄入一定热量的食物,是一天吃一顿大餐呢,还是一日三餐、均衡搭配?答案是不言而喻的,应用在生活和学习上也是一样,无论是学习哪种特长,学习成果都不是一蹴而就的,不可能一次就全部学会,只有慢工才能出细活儿。想要让孩子忍受这种"慢"的过程,就必须学会"少食多餐"的任务分割法,根据孩子的特性,比如性格、习惯、情绪、能力,来给他安排每天每次的任务量,而且要考虑到孩子的想法,多和他商议,让孩子有发言权,在家长的要求和孩子的接受能力之间寻找利益最大化的平衡点。

11

亲子游戏,和孩子一起边玩边培养耐心

情景再现

爸爸昨天从香港出差回来,给绒绒买回来几个芭比娃娃和一套乐高积木,还有好多场景道具,乐高积木是上千片的,组装起来算是一项大工程了。

绒绒先打开了芭比娃娃,开始玩过家家,给娃娃换衣服,梳头

发，玩得不亦乐乎。可是一个不小心，芭比娃娃的头发缠绕在了一起，用小梳子怎样也梳不开，绒绒一着急，一使劲儿，竟然拽下来了一撮儿头发，芭比娃娃的头发顿时变得难看至极。绒绒不知如何是好，怎么摆放都觉得和周围的场景不符，只好把她丢弃在一旁，完全没有了继续玩下去的兴致。

绒绒又打开了乐高积木的包装，把积木一股脑地倒在地板上，开始组装。无奈图纸的难度较大，她刚拼了二十几块积木，就开始出现颜色对不上、形状也找不到的问题了，看着如此巨大的工程起步就这么艰难，绒绒攥着一块积木，心情很糟糕，玩游戏的乐趣荡然无存，她坐在地上不由得直叹气。

"爸爸，你来帮我一起拼积木吧，我弄不好啊。"绒绒向爸爸求助。

"我哪有时间啊，周一有个例会，我还得准备材料呢，忙死了，别给我捣乱了，你自己玩吧。"爸爸说道。

"我真的弄不好啊，以后不要买这么难玩的积木好不好。"绒绒抱怨着。

"那就等你觉得不难时再去玩，反正玩具也不会过期，玩不了就放到一边去呗，谁也没强迫你玩。"爸爸出主意道。

"您怎么能这么想呢？不想陪我玩就算了，我看以后您也不要给我买玩具了，想用这些玩具代替您的存在吗？是不是认为有了玩具我就不需要爸爸了？"绒绒人小主意大，不无道理地说。

"我是真的工作忙啊，你找你妈妈陪你玩去吧，不都一样吗？"爸爸说。

"妈妈天天都陪着我，我都腻了，一个月也见不上您几次面，见到您了，您又说工作忙，问您什么事，您都对我没耐心，您这个爸爸形同虚设。"绒绒很委屈地说。

"好啦好啦，等下周我估计就有时间了，周末带你出去玩，你想要什么爸爸都给你买。"爸爸安慰道。

"哼，就知道买买买，您都要变成快递叔叔了。"绒绒说。

孩子的心里话

人家不会组装这个乐高积木，想请您来陪我一起玩，您却总说工作忙，我现在真是一点继续玩下去的心情都没有了，好烦躁啊。爸爸对我不耐烦，我对玩具不耐烦，这样的脾气真的是会传染的。

家长应该怎么办

绒绒爸爸拒绝了陪绒绒玩游戏，绒绒一针见血地指出了爸爸想用玩具来敷衍自己、代替对自己的陪伴的想法，并表达了失望感。绒绒自己一个人玩游戏时，没有人陪伴，觉得无聊，没有人施以援手，觉得无助，所以越发地没有耐心继续下去，游戏都变得不好玩的时候，想让她安心学习就更难了。

其实玩耍和游戏对于孩子的成长是举足轻重的，它具有将智力、体力和思想连贯起来的重要功能，适当合理的游戏不仅不会影响孩子的学习，反而能减少学习的紧张压力，有益于智商、情商全方面发展，对于培养孩子的耐心等品质有着非常积极的作用，还会更加促进亲子关系。

换句话说："游戏是一种活跃的学习方式"，家长不要觉得游戏就是毫无目的地消耗时间，如果只把玩具手给孩子，让他自己去玩，很可能孩子因为不会玩、不会控制进度和时间，所以变成了家长眼中的浪费时间的"贪玩"。实际上，想要让游戏变成有益于孩子成长的游戏，必须要有家长的参与，通过游戏的方式，将孩子需要养成的品质、学习的知识灌输进去。这种带有教学目的性的游戏，一是要让孩子从同伴身上体会别人的观点，学习与他人合作的能力；二是通过游戏中的模仿情节来让孩子学会如何表达和处理生活中会产生的情绪，如何发泄那些负面情绪；三是家长要通过具体的游戏活动来发现、印证孩子所具有的某种才能和潜力，因材施教地进行教育工作，规划孩子的未来。

想要在不知不觉中培养孩子的耐心，亲子游戏绝对是一个上上策，孩子更容易接受这种被伪装了的教育方式，家长也会从中得到乐趣，缓解来自生活和工作的压力。家长可以和孩子合作完成一些能提高注意力和忍耐力的游戏，比如找不同、拼图、组装积木、剪纸等。家长也可以让孩子的其他朋友一起参与到游戏中来，多玩一些团体游戏，能够让孩子养成遵守规则的习惯，他玩A玩具，我玩B玩具，等他玩完了A玩具，我再玩A玩具，在等待的过程中，孩子的团队合作精神和耐心都得到了锻炼。

在这段安排给游戏的时间里，家长要放下其他事情，全心全意地陪伴孩子，短时间全心全意的投入，肯定要比长时间的敷衍会更让孩子开心。即使游戏简单幼稚，家长并不感兴趣，但对于孩子来说，他更在乎的是家长能够陪着身边，其次才是玩的乐趣。所以，当孩子在和自己的不耐心作斗争时，家长也应该和自己的不耐心作斗争，当你有了明确的目的（教育孩子）、合理的流程（游戏步骤）之后，游戏绝对不是一件需要"忍受"才能坚持下来的事情。

12

好动是孩子天性，确立目标持之以恒

情景再现

"你说我该拿这孩子怎么办啊？"小杰妈妈冲小杰爸爸抱怨道。

"我怎么知道，都是你一直在带他，他变成这样，你脱不了干系吧？"小杰爸爸黑着脸说。

"你可真是不让父母省心啊！没救了。"妈妈看着小杰说。

此时的小杰站在墙角，摸着额头上的大包，低头不语。

这是怎么一回事呢？原来刚才妈妈陪着小杰去小区健身广场玩，那里有个大型儿童滑梯，孩子们一到放学后和周末都会蜂拥来到这里玩耍。今天的天气很好，所以围绕在滑梯周围的孩子特别多，大家争前恐后地玩着滑梯，奔跑着、吵嚷着。

"你先玩点别的去呗，这里人这么多，一会儿再玩不行吗？"妈妈建议道。

"不行，我就要玩滑梯，我不想玩别的。"小杰执意不走。

"那你就排着吧，我看你从上面滑下来一次也就一分钟都不到，可是要等十分钟才能轮到你，换作是我，我可没有这个耐心。"妈妈说。

"您没有耐心，那是因为您对滑梯没兴趣，您在网上购物时，连着坐在那里一个下午都不会觉得累。我喜欢的东西，我自然愿意等。"小杰说道。

一转眼到了中午，太阳变得越发耀眼，甚至有点灼热，排在队伍里的小杰的耐心已经所剩无几了。前面有几个幼儿园的小朋友动作非常慢，笨拙得需要家长来帮忙走上台阶；还有几个孩子不管不顾地直接插队；更有甚者，有人从滑梯那一边往上爬，挡住了要滑下去的孩子的去路，两方僵持着，谁也不愿意让步，最后虽然终于解决了，但是看到这一幕的小杰终于忍不住了，将最后一点耐心踩在脚底，奔向了队伍前方，加入了插队者的行列。几个小孩你不让我、我不让你，相互推搡，以求自己能第一个玩滑梯，小杰的个子不是很高，但也不甘示弱，和其他孩子扭扯起来，这时候身后一个大一点的孩子一把拽住了小杰的腿，一使劲儿，小杰就从台阶上翻滚下来，脑袋磕在地上。

小杰妈妈原本还在东张西望，听到滑梯那里异常的嘈杂声，才发现是小杰出事了。她急忙奔过去，扶起摔在地上的小杰，颇为愤怒地说："这是谁干的啊？怎么能欺负别的孩子呢？把头撞坏了谁负责啊？"

"是他插队！我就是拽他一下让他不要插队，结果他自己没站稳摔下来的。"那个孩子解释道。

"你不好好等着，插队干什么！丢不丢人，活该你摔下来！"妈妈搞清楚了状况，转而训斥小杰。

小杰滑梯没玩成，反倒摔得一身疼痛，头上还起了一个大包，心里的委屈和愤怒不言而喻，听到妈妈还向着别人说话，于是甩开妈妈的手，跑回了家里，把事情原委哭诉给爸爸。

"你要是有点耐心，好好在那里排队，会发生这样的事情吗？自己还说对于喜欢的事情，自然愿意等呢，最后还不是心急火燎地上去插队，真给我丢人。自己平时说得挺好，做起来完全是另外一个人。我是不想管你了，管得我身心疲惫，自己的路自己走吧。"妈妈报之以极其失望的态度。

孩子的心里话

你爱管不管！不管我更好，哼！

家长应该怎么办

一提到怎么教育孩子的问题，很多家长就犯难了，怎么教育孩子似乎都收效甚微，弄得自己身心疲惫，孩子还怨恨自己，是自己没有能力教育好孩子，还是这个孩子真的已经到了朽木不可雕的地步了呢？小杰妈妈就是这样，因为孩子的一次过错，便断定孩子没救了，自己也不想管了，力不从心的教育过程让她选择置身事外，远离烦恼。

培养耐心绝不是一句话就可以让孩子顿悟，一件事就可以让孩子改变性格，一天之内就能让孩子焕然新生，无论做什么事，但凡怀着一颗急于求成的心，事情便往往会向反方向发展。

想要培养耐心有成效，恰好需要耐心地对待这个培养的过程。不管是家长还是孩子，只要有了一个明确的目标，每天进步一点点，最后总会在孩子的人生路上的某一点看到当初所付出的一切都是值得的。家长首先要了解孩子的性格特点和发育阶段，不要压制孩子好动的天性，要学会利用孩子这股好动的热情去引导他找到自己的兴趣所在，确立有效可行的目标，在不断的训练中，将好动转化为专注，转化为对周围事物的耐性。最好让孩子反复用嘴说出自己的目标，暗示自己一定要以坚强的意志去对抗

第二章 培养耐心，摆不正自己搞不定孩子

心中的浮躁情绪，必要时要付出代价，例如要放弃暂时的享乐、约束自己的行为。与此同时，家长也要保持住自己的耐心，建立长远的规划，确定长期的目标，陪伴孩子的成长历程，帮助孩子最终实现他的理想。毕竟父母是孩子人生之中任教时间最长的老师，所以不能因为孩子做事的缺乏耐心，在短期内见不到想要的效果，而自怨自艾和撒手不管，不能因为孩子的一次无心之过就否定孩子的优点，不能因为一次教育的失败就轻言放弃。想让孩子做事学习坚持不懈，家长也应该坚定一颗将教育工作坚持到底的心，家庭教育是家长在前面跑、引领着孩子在后面跑，如果家长觉得漫漫长路、希望遥远而放慢了脚步，甚至停了下来，孩子也会有同样的举动，迷途之中难免会自己瞎走乱闯。

13

孩子犯错，再粗陋也不要贬低、嘲笑

情景再现

月月参加学校的运动会，报了3000米长跑的项目，因为月月的体育成绩一直都是不错的，所以这次非常有信心能够获得名次，特意让爸爸妈妈一起来观看。月月妈妈在学校操场还看到了自己的同事，就去攀谈了几句，不无夸耀地说："我家月月体质不错，这回的长跑一定能在前几名的，没准还能得第一名呢。"

可比赛开始后，情况却没有像预料的那样发展，月月刚起步时就慢了一拍，跑到第二圈时就被其他同学甩在了后面，她满头大汗地坚持跑着第三圈、第四圈……眼看着自己根本没机会追上前面的同学，更别提能够取得名次了。月月一皱眉头，干脆停下了脚步，慢慢地向场外走来。

妈妈看见月月放弃了比赛，急忙奔过去问道："你怎么不跑了？下来干什么？"

"我累死了，她们太快了，我根本跟不上啊，就算累死累活地全跑完，也是倒数几名吧。"月月无奈地说。

"你都没坚持下来，怎么就知道自己一定不能取得名次？没准那些现在跑在前面的同学一会儿就没力气了呢，到时候你就能追上去了。"妈妈说道。

"现在说这些有什么用啊，我已经下来了，都弃权了，再回去跑也没资格了。"月月气喘吁吁地说。

"谁让你自作主张弃权的？平时给你吃的那些饭菜、那些零食都吃哪里去了？一到比赛的时候就没力气？你怎么这么没用，我刚才还和同事夸你，说你一定能取得名次呢，现在可好，你一个半途而废，我就要丢人丢到单位去了。你真没用！学习成绩上不去，连个运动会也没成绩，一无是处！"妈妈气愤难平地说。

孩子的心里话

妈妈说的话太伤我的心了！我确实是很累啊，跑得都快岔气了，而且事先也不知道其他同学可以跑得这么快啊，早知道她们都比我强，我就不报名、不丢这个人了，半途而废也不是我故意的，实在是没那个实力呀。妈妈就是因为我让她没面子了，所以骂我，根本不在乎我的感受，不管我的腿酸不酸、口渴不渴。下回我也不去参加什么运动会了，省得做不好，她又来说我。

家长应该怎么办

面对孩子做事时的三心二意、半途而废，很多家长都一忍再忍，最后难以忍受，将心中的不满和怨气附之在语言上，畅快淋漓地发泄出来，却未曾想过这些话就像是无数根毒针一样刺向孩子的心里，让他因为自己的无心之过更加自责，让他因为自己的故意所为加剧逆反心理。开口大声责骂孩子的父母，对孩子的性格肯定有潜移默化的负面作用。批评孩子不是不可以，但不能一看到孩子不尽人意，就不加思考地使用负面意义的措辞和语气，加以贬低和嘲笑。下面有几句家长常说的话是最让孩子难以接受的：

"你真笨！"

它经常会作为一些家长指责孩子的口头禅。即使孩子把事情搞砸并不是智商的问题，家长心里也清楚这一点，但是一个"笨"字似乎最能贴合失败的原因，也就常用来贬低孩子了。但家长要知道，孩子现在年龄还小，并不能全面地认识自己，而别人的反应是他构建自我评价的来源，人之所以有能力，首先是因为相信自己有能力，人之所以有耐心，也和相信自己有耐心不无关系，如果经常从周围人的口中听到"笨、蠢、傻"这样的字眼，他也就逐渐学会了自我贬低、自我限设，消极地看待自身价值，形成较大心理压力。一旦生活中、学习上遇到不顺利的情况，孩子就会直接放弃，不能持之以恒，那是因为他有一个很好的安慰自己的理由——我很笨，我什么都做不好，而且这也会让孩子在尝试新能力的过程中踌躇不前。

"你又这样！我说过多少次了！"

家长又开始翻旧账了，每一次拿孩子以前的失败来说事，都会调出孩子那时候的想法和感受，重合在现在的事情上，导致手头的事情也做不好，重蹈覆辙。家长说这番话的同时，也是在向孩子灌输"你又一次犯错了，你总是犯这样的错，你上次做不好，这次也做不好，你把自己的状态一直停留在失败再失败上"。孩子受到了这样的心理暗示，就会对下次还要做的这件事产生惧怕和抵触心理，担心自己仍然不能按照家长的要求完成，以至于做起事来畏首畏尾，需要专心的时候却三心二意，不能集中注意力。

"你什么都做不好，真让我失望！"

有些家长虽然很少打孩子，但这种责打在孩子心里的语言，却更让他心如刀割、疼痛不已。孩子做事之前都是抱以希望的，不仅希望自己能成功，更希望得到他人的支持和赞赏，但事与愿违之后，不但没有得到家长的安慰，反而落得句句指责。月月妈妈就是这样的家长，月月没有坚持跑下来，让自己的期待落空，愤怒不已，取得名次和半途而废确实具有强大的落差，孩子的心情也不好，家长此举无异于给伤口上撒盐。"你真让我失望"这句话将孩子做事的目的从为自己获得成就感转变为取悦家长，一旦失败了，就会觉得只是丢了家长的脸，于自己并无大多的损失；当孩子原本就不在乎家长的感受之时，对家长失不失望也就越发不放在心上了，他随心所欲地做事，说做就做不多想，说停就停不考虑，耐心也就不重要了。另一方面，孩子让你失望，可能是因为家长的期望过高，让孩子去坚持他根本不感兴趣，也无能为力的事情，实在强人所难，家长的"失望"往往是自己造成的，如果期望合理，孩子是不会让你"失望"的。家长必须花一些时间思考自己对孩子的期望是否合乎他的能力、兴趣、理想，家长的期望和孩子对自身的期望是不是和谐一致的。

"看看你干的好事！气死我了！"

被愤怒情绪控制住的家长很少能试着去了解孩子行为的真正理由，你让孩子看看他自己干的"好事"，但他有时候并不认为自己做错了，不能正确面对错误，反而认为家长的愤怒只是迁怒，是家长气性大、脾气急，而不是自己的过错。如果家长常常向孩子表达"我生气了，后果很严重"的行动倾向，孩子要么想方设法推诿责任，不敢担当；要么害怕错误，不能接受自己的失败，不愿意去印证自己的真实能力，也会失去很多机会。家长若能淡化处理，孩子才会慢慢地向好的方向发展。

"你怎么就比不上×××！"

有些家长太在意别人的眼光，孩子的做事表现和学习成绩成了他们的形象与尊严的代表。和别人家的孩子比起来，自己孩子的过错让他们感觉很没有面子，于是常夸大情绪地责备孩子。把自己孩子的弱点、短处、劣势与别家孩子的强项、长处、优势比较，这么做简直是在亲手扼杀孩子的自信心和自尊心。每个孩子都是独一无二的，都有自己的个性和发展阶段，几乎是没有可比性的，他既不想做其他孩子的复制品，家长也不要强迫他做其他孩子的复制品，在自己的道路上大步前行，远比在别人身后做一个紧随的影子更有意义。

14

将心比心，用耐心培养孩子的耐心

情景再现

　　登登写作业时，写着写着就把头一歪，枕在手臂上，写出的字也是歪歪扭扭的。刚写了几行，就跑去喝水，有几次还把铅笔攥在手里，发呆半天，没写出一个字。

　　"赶紧写作业，干什么呢？三心二意的，这么没耐心，你要磨蹭到几点才能写完啊？"妈妈催促道。

　　"知道啦。"登登应允着，可仍不自觉地坐不端正，总是东倒西歪，像是一根面条在寻求坚固的支撑物一般。

　　"你怎么又躺床上去了！作业还没写完呢，总得我一遍遍地提醒你是不是？我都要没耐心了！"妈妈看见登登离开书桌，躺在床上，于是一股不满涌上心头。

　　登登坐回来，继续写作业，可妈妈转身一走，他又躺到床上了。

　　"怎么我说话不好使是不是？告诉你赶紧写作业，你还去睡觉！现在不好好学习，将来能有什么出息，现在天天就知道玩、睡，将来你就只能睡大马路去！"妈妈呵斥着。

　　登登无奈地又回到书桌上，继续拿起笔，但是感觉手上一点力气也没有，写出来的字都是浅浅的、轻轻的，用手碰一下，字迹就几乎辨认不出了。"到底是我写得不清楚，还是眼睛模糊了呢？"登登使劲儿地晃了晃头，可是头却更晕了，眼皮也越发地黏在一起，身体不由自主地向前倾倒，趴在书桌上，眼看就要睡着了。

"这才7点都不到，至于那么困吗？赶紧给我坐好写作业！"妈妈走过来揪起他的衣领，想把他扶正，碰到登登脸颊的时候，才发现怎么这么烫，好像是发烧了。

"你怎么发烧了，是不是感冒了啊？"妈妈问道。

"我不知道啊，就是感觉很困，没有力气，好想睡觉啊。"登登的声音也懒洋洋的。

妈妈这才明白，原来登登不好好写作业是因为生病感冒了，所以注意力无法集中，刚才还错怪孩子是故意犯懒呢。她赶紧让登登吃了感冒药，扶着他到床上躺下，盖好被子，"你先休息吧，小睡一会儿，一会儿没那么困了，记得把作业写完。"

"嗯。"登登说完，便昏沉沉地睡去了。

孩子的心里话

真的是好困，我还以为自己是因为吃饱了而犯困呢，原来是感冒了啊。妈妈刚才都说我什么来着，我都没记住，当时脑袋晕晕的，说的什么都没听进去，好像是说我现在不好好学习，以后就要睡大马路？哪有这么夸张，我又不是故意不耐心写作业的，真的是生病了，妈妈您要多理解我一点啊。

家长应该怎么办

孩子犯错时，家长的第一反应往往是不问因由地大加指责，结果导致孩子与家长的情绪都很不稳定、冲突升级，越让孩子什么样，孩子就越不什么样，由此产生恶性循环。家长总是用自己的标准去要求孩子，觉得这件事我能做好的，你也应该做好，如果你失败了，一定是你不用心不上进，并未考虑到孩子还是一个充满着多变性的个体，体质体力、行动方法、认知与精神发展上，都和已经定型了的成人不同。都说是知己知彼百战百胜，何必要自作主张地判定孩子的想法和需要呢？能够将心比心、设身处地地了解孩子的想法和行为，才能更好地培养他的耐心。

家长应该多理解孩子，设身处地深究一下孩子没耐心的具体原因。

第一步，共情。不管孩子面临的是什么样的问题，首先要让孩子明白，家长能够抛开"大人""父母"等身份站在孩子的角度去理解他的感受，鼓励他把自己的感受表达出来。当家长能够接纳孩子的感受和想法时，他会觉得家长跟自己是一起的，才有可能接纳家长的批评和教育，在相互理解的基础上，再去引导孩子，他才能听得进去，更愿意敞开心扉交流，如果硬生生地向孩子灌输自己的意见，孩子是很难接受的。共情是一个有效的亲子沟通技巧，但也经常会被家长忽略。登登妈妈就是忽略了这个环节，直接下来就数落孩子的不是，而没有和孩子站在同一立场上思考问题，一直在强调"至于那么困吗？赶紧给我坐好写作业"，会让孩子觉得家长一点都不能体会他的感受，产生"敢情不是你写这么无聊的作业，站着说话不腰疼"的想法，若是妈妈能说："写作业有点无聊是吧，不自主地就会犯困对不对？我要是你也会有这种感受的，不过……"有时候一定会产生截然不同的效果。

第二步，探讨。家长应学会经常听听孩子的解释和意见，在孩子提供的已知条件上设身处地地寻求合理的解决方法，逐渐学会用"我想……""我觉得……"来表达自己的意见和评价，使得亲子之间的交流是平等而和谐的。人人都可以畅所欲言，没有大人的言语压制，也没有孩子的被迫缄默，使孩子感到家长的温存、抚爱，这样他更乐于接受家长的意见。

一起你提出、我补充地探讨没有耐心完成这件事的原因是什么，既能够让家长正确评判孩子的过错，不伤害孩子的自尊心，又能够让孩子正确认识自己，不回避不逃脱自己的错误。

第三步，一起面对未来。其实在帮孩子找回耐心的同时，也是在磨炼家长的耐心，如果家长都没有耐心，三两句言语不合，就开骂开打，只会让说教显得苍白无力，孩子必然左耳朵进右耳朵出，甚至诱发抵触行为。家长要学会抑制自己的浮躁情绪，与孩子共同学会如何坚持不懈，让孩子觉得成长的道路上即使遇到再多的问题、再大的困难都是无须畏惧的，因为父母会一直陪伴在他的身边，一起面对未来，共同成长。

15

延迟满足，慢慢来，从一分钟开始

情景再现

　　强强妈妈出差了，强强和爸爸在家吃了好几天的外卖，家里乱糟糟的，可谁都懒得去收拾，强强体谅爸爸工作忙，没有计较天天打包回来的外卖，爸爸也了解孩子学习累，没有让他收拾自己的卧室。没有妈妈在家的日子里，爷俩倒也相安无事。

　　直到有一天，爸爸下班回来，看到强强的房门虚掩着，以往他一回家就跳出来要零食的儿子今天却仍静悄悄地待在卧室里。他不解地推开房门，却看到了一个满脸都写着"不开心"三个字的强强坐在床边一言不发。

　　"怎么了，儿子？"爸爸问。

　　"我要买新球鞋，要最好的！"强强半天才憋出来一句话。

　　"球鞋？你不是有好几双了吗，还买？"爸爸说。

　　强强的语气更加坚定了："我要最好的球鞋！"

　　"那总得有个原因吧，你怎么突然想买新鞋了？"爸爸继续问。

　　强强这才道出了原委："今天我们班和其他班踢足球比赛，我们班输了，是因为我，大家都怪我，我的球鞋一点儿不好。"

　　"恐怕是你的球技不好吧，还怪到鞋子头上了。"爸爸说。

没等爸爸说完，强强大吼一声："我就是要最好的球鞋，你现在就给我买！"

爸爸说："这涉及好几百块钱的事情，我可没有决定权啊，得等你妈妈回来决定，你再等几天可以吗？"

"我不要等，我今天就要买，你要是不给我买，我明天就不去上学，快带我买鞋去！"强强更加不高兴了。

爸爸见强强这架势，还真有可能干出不去上学的事来，可自己还得上班，明早哪有时间管这些，一想到这孩子倔起来谁也拦不住，只有他妈妈能管住他，可妈妈现在却不在家，不禁头疼万分。孩子再吵闹下去，邻居家都要来敲门了，自己多丢人，爸爸咬了咬牙，对强强说："别喊了！走，买鞋去！"

孩子的心里话

我胜利了！爸爸果然是家里最好说话的人。换成是爸爸出差，妈妈在家，我买新球鞋的愿望就要泡汤了。下回趁妈妈出差时，我再管爸爸要点什么呢？正版变形金刚还是遥控越野车呢？只要我"大声说出愿望"，爸爸一定都会马上帮我实现的。

家长应该怎么办

我们经常会在逛商场或超市时看到这样的家庭，孩子大声哭闹，抓着某个心仪的玩具或零食不放，要求家长立刻买给他，有的家长完全置之不理，生拉硬拽地将孩子带离这里，有的家长则面对周围顾客循声而来的目光显得尴尬无比，只好一脸无奈地连声答应："好好好，给你买，别哭了，别人都看着你呢！"

这是极其常见的现象，不少诸如强强爸爸的家长都想给孩子一个快乐的童年，让他得到自己想要的东西，但其实对孩子的有求必应恰恰反映了他们对儿童心理需要缺乏必要的认识。溺爱不等于爱，家长常以为玩具能够益智，只要孩子喜欢，便多多益善，但最终一切都可以呼之即来时，在琳琅满目、五光十色的玩具前，耐心的品质和等待的欣喜都渐渐失去光泽，孩子不能理解什么叫"来之不易"，反而觉得这是应该的，满足欲望的速度太快了，根本没时间去享受等待的快乐，也没有任何诱惑和奖励值得期待，就不会懂得珍惜，甚至会养成玩具破坏癖。

同时，这种有求必应会让孩子产生一种错觉：我要什么就有什么，想干什么就干什么。随着愿望目标的频繁转移，欲望的雪球也越滚越大，有时甚至超出家长的能力所及。长期的有求必应早已让他难以接受有限的等待和忍耐，性格变得急躁，如果突然来了句"不行"，孩子的哭闹和家长的妥协便是人人都猜得出的结局，不仅无法培养出孩子"有耐性"的品格，对各方面的教育也将难上加难。这就是过犹不及的道理。

所以，从一开始家长就不应该因为溺爱和怕麻烦而对孩子的欲望有求必应，好的教育提倡的是延迟满足和适当不满足。对孩子欲望的满足分为五种：延迟满足、适当不满足、超前满足、即时满足、超量满足。后三种是不可取的，对孩子的成长有害无益。延迟满足是一种决策取向，换句话说就是"忍耐"，忍耐的能力并不是与生俱来，需要持续不断地学习和自我克制才能拥有。但它既不是单纯地让孩子学会等待，也不是对欲望的压制，而是为了让孩子明白有时候想要获得长远利益，必须抵御住眼前的诱惑，克制欲望。

延迟满足不仅可以通过些许挫折感锻炼孩子的耐心，让他学会等待，还能让他在等待和获得的过程中感受到幸福，学会珍惜。那些拥有较强的社会竞争力、较高的工作和学习效率的人，他们的儿童期往往都是在延迟满足教育下长大的，遇到同样的困难，他们能更好地应对，遇到同样的机遇，他们能克制即时满足的冲动，专注于更加长远有价值的目标。

"延迟满足"的方法

1.礼物法

例如，带孩子一起在超市选购几种他喜欢的东西，结账时，和他解释："妈妈今天没有带那么多钱，这个东西我们下次再买好不好？如果你愿意把它放回去，下次去超市可以给你买三个。"注意，妈妈一定要遵守承诺，才能获得孩子的信任。

2.任务法

与孩子约定，按照要求完成一个任务就可以获得他事先想要的奖励，这个任务设定不能是马上就可以完成的。例如，孩子想出去玩，妈妈说："当然可以，不过你要先把地上的玩具放回原处后才可以出去。"

3.距离法

也就是转移注意力的方法，避免孩子和他的需求物品直接接触，让他先去做别的感兴趣的事情，以此减少因为没有及时满足而产生的负面情绪。

4.代币法

和孩子约定好，如果他想要什么东西，就要用平时表现好积累获得的"五角星"进行交换。一般积累到5次或10次后就可以满足孩子的需要。

家长想要让延迟满足收到成效，首先要让孩子得到足够的爱和关注后，再来谈延迟满足。要让孩子感受到："妈妈现在虽然不给我买，但她还是爱我的。"可很多家长遇到孩子的不合理要求时，却回应以暴躁和指责，孩子既得不到心爱的东西，也觉得自己得不到父母的爱。

16

成龙成凤可以是心愿，千万别当作目标

情景再现

圆圆妈妈是一位普通的裁缝，虽然她年轻时也做过想成为服装设计师的梦，无奈种种客观因素的介入，使得自己最后只能屈身在一家小小的裁缝铺里，每天都帮别人裁裤脚、补破洞，毫无技术难度和艺术性可言。

所以她十分希望圆圆能够比自己走得更好一些，充分利用妈妈是裁缝这个天然资源，以后能向着服装设计师这方面发展。虽然小学阶段还没有关于服装设计的特长班可以参加，但服装设计和绘画是分不开的，掌握色彩的感知和审美的能力是它们的共同点，所以妈妈物色了一个绘画班，为圆圆报了名。

但圆圆对此却并不上心，首先她并不喜欢坐在那里画画，她是一个好动的女孩，最喜欢放学之后和同学一起去外面疯跑，踢毽子、踢球，总之能让她运动起来的事情都是乐趣所在，而绘画对她来说却是毫无乐趣的；其次圆圆的性格也是比较粗线条的，做手工时，老师让一点点地撕下来纸条，她就瞬间从头撕到底，考试时，也经常分不清形近字，所以想让她耐心听讲，仔细分辨每种颜色，绝对是一件费脑子也费眼睛的事情。

每当妈妈念叨："一定要好好学习画画啊，上课要认真听讲一些，老师让画一幅，你就严格要求自己，要画三幅。"

圆圆则不以为然："为什么一定要学好画画啊？期末考试时也不会考这个。"

妈妈就开始讲从前自己的经历，反复重申对圆圆的期望，"我希望你能够成为一个服装设计师""你要努力成为一个服装设计师""你必须朝着这个目标前进"。

"为什么啊？"圆圆总会在妈妈的长篇大论之后回敬以明知故问，以此表达自己的一万个不乐意。

"没有为什么，让你做什么就做什么，哪有那么多为什么。"妈妈有些不耐烦了。

这天，妈妈带着圆圆去公园写生，可一个不注意，眼前就剩下了一个画架，上面只有寥寥几笔，看不出画的是什么，圆圆早就跑去一边吹泡泡，一边追泡泡了。

"你给我回来，好好画画，能不能耐心一点？带你出来是写生的，不是让你来玩的！"妈妈大声喊着。

圆圆明明听见了，也朝着画架这边走了，但脚步缓慢，就像她的心情一样——我是被迫的，妈妈真讨厌。

孩子的心里话

我一点也不喜欢画画啊，根本对这些色彩一点感觉都没有，老师说向日葵要用亮黄色，可我却用了土黄色，黄色有那么多种，浅黄、鹅黄、亮黄、土黄、杏黄、姜黄、柠檬黄……我记不住、分不清，根本不是学习画画的材料，将来更不可能去当什么服装设计师了，我连纽扣都不会缝呢。想让我老老实实地坐在那里听老师讲课，对我来说简直就是折磨。妈妈，你就放过我吧。

家长应该怎么办

大多数家长在教育孩子的问题上只能做到言传，而不能做到身教，形成这种表里不一的窘态的原因就在于他们本身就不是成功的典范，当对孩子提出过高要求时，孩子就会觉得家长只是站着说话不腰疼、纸上谈兵、信口开河、没有资格来要求我做什么。很多时候孩子迫于家长的威严，没有当面说出这样的话，但他被迫在学习上、生活上样样拔尖，仿佛是一个十项全能运动员，有着多种特长：钢琴、绘画、跳舞、足球、跆拳道……参加各种竞赛、当班干部，凡是能给家长脸上增光的事物里都有他的身影，看似天才儿童和突出少年。但这种表象背后，却埋藏着对家长的怨恨，因为这一切都是被强加给自己的，不是他本心所求，也不是他乐意所为。不可否认的是，水往高处流，家长希望孩子成为全才并没有错，只是孩子的成长需要宽松愉悦的环境，而家长的高期望的衍生物——逼迫式教育态度却极其容易破坏这个环境。真正的人才不是小时候被家长耳提面命地逼迫学习出来的。孩子的才能虽然在家长成龙成凤的目标中得以提升，却往往以牺牲孩子的心理健康为代价。为了达到家长的期望目标，孩子常常会处于紧张焦虑、惶恐不安的状态之中，再加上家长对孩子学习和生活的过分干涉，使得他惧怕自己一旦达不到目标，就会成为家长的众矢之的，巨大的心理压力让那些看起来"聪明"的孩子也看起来略显少年老成了。压力过大时，直接导致的是孩子失去了学习的兴趣，变成了焦躁、没有耐心的孩子，引发压抑、逆反、怨恨等负面情绪，产生放弃学习、采用逃避来面对家长的期望等过激行为。

　　成龙成凤可以是美好的心愿，但绝不应该定位成一个不达目的誓不休的永恒的目标。孩子不是为了满足家长的欲求而出生和存在的，他有自己的兴趣，有自己的想法，有自己的职业规划。养育一个孩子应该注重顺其自然和因材施教，家长要客观冷静地分析孩子的长处和不足，扬长避短地针对孩子的个性特征和年龄特征来设定对孩子的期望和要求，而不能执拗地按照自己的喜恶和三观来替孩子决定。教育孩子的过程也是家长不断调整目标的过程，应该学会倾听孩子的声音，尊重孩子的意愿，考虑孩子的志向，人人都知道"强扭的瓜不甜"，谁能断定"无心插柳柳成荫"的意外惊喜不会出现呢？做父母的不要强求孩子学他不感兴趣的东西，不要压制孩子的爱好，让孩子做自己喜欢做的事，并及时给予关注和鼓励。孩子不喜欢学习画画，听课时没有耐心，画画时也毫无思路，未尝不可让他先去学习一下喜欢的写作，通过多多练习运用各种词汇、描写周围人物景物，来拓展自己的想象力，说不定以后再去画画的时候发现没有那么难了，便能坚持学习，将来也能向着家长的心愿有条不紊地前进了。

　　如果家长希望孩子将来能够出人头地，那么就应该以身作则，在孩子面前做出成功的表率来，用自己的积极态度去感染孩子，让他和家长一起进步。那么即使将来他没有成为家长希望他成为的企业家、科学家、政客、医生、律师，孩子也会成为自己所喜欢的领域里的人才，一样能出人头地。

第三章
没耐心好哭闹，父母怎么办

孩子作业写到一半，铅笔芯断了，让家长去给削铅笔，家长说等一会儿，孩子就急了，先是哼唧，随后哭闹，芝麻大的小事也能惹得他流眼泪；在超市里看到喜欢的玩具，非吵着要买，家长说"等你期末考了好成绩，我就给你买"，孩子又开始抹眼泪了，"现在就要，我不要等到期末"；孩子下午放学，家长来晚了一点，孩子一刻都不愿意等待，觉得家长不关心自己，委屈得不行，失声痛哭……如此种种，"玻璃心"加上"没耐心"的孩子真是让家长烦恼不已，等不得、说不得、动不得的孩子，哭闹是他们对抗家长的最有力法宝。

面对这样的孩子，家长应该怎么办呢？培养孩子有耐心的同时，还得让孩子学会坚强，别动不动就拿眼泪出来对付家长，这真是难上加难。下面几节就重点剖析一下这个问题，看看孩子为什么好哭闹，怎么让这样的孩子能够听话懂事。

17

先自查，孩子哭闹往往是父母"鼓励"的结果

情景再现

"吃完饭再看电视！"妈妈对着急于去打开电视机开关的涟涟说道。

"不要，我现在就要看！"涟涟不甘示弱。

"不吃完饭就不让你看电视！"妈妈丝毫不肯退步。

"不让看电视就不吃饭！"涟涟的语气更是强硬，索性一屁股坐在电视机前的地板上，一动不动、一言不发了。

妈妈见他敢这么顶撞自己，便走过去，拽着他的胳膊想把他拉起来，也不知道是自己弄疼了涟涟，还是别的什么原因，涟涟哇地一声大哭起来，什么也不说，就是哭。

"哭什么啊！不让看电视就哭是吗？我都说了，吃完饭就让你看，又不是一晚上都不让你看，你早点吃完饭，不就可以早点看电视了吗？你在这里哭，把时间都浪费了！"妈妈说道。

"我现在就要看，你不让我看，我就一直哭！"涟涟的声音里带着哭腔。

"怎么了这是？"爸爸遛完狗，刚从外面回来就看到母子俩，一个坐在地上拼命大哭大嚷，一个站在一旁黑着面孔，僵持不下。

"我就是要好好教育教育他，给他立立规矩，妈妈的话都敢不听，反了你了。"妈妈说道。

"不就是看个电视嘛，一边看，一边吃不就行了，你俩至于为

59

这事弄成这样吗？让我怎么吃饭啊，这么大动静，我的耳朵都要失聪了。"爸爸说道。

"你吃你的饭，不用管他，让他自己哭去吧。一会儿我们都吃完了，你就饿肚子去吧。"妈妈狠了狠心。

"怎么能让孩子饿肚子呢，正是长身体的时候，哭多了也会上火的，来，爸爸给你开电视，咱不哭了啊。"爸爸从妈妈手中夺过遥控器，一个箭步冲到了电视机前。随着电视里动画片片头曲的响起，涟涟破涕为笑，搂着爸爸说："还是爸爸好，爸爸最爱我了。"

"你们都这么不懂事，我看你就这么惯着他吧，将来什么事情不能立即满足他，他只要一哭，你就一马当先地替他去做，看看能教育出什么样的孩子来！"妈妈气得不行，再也不想理这爷俩了。

孩子的心里话

为什么要我等着？我才不要等吃完了饭再看电视呢，那时候动画片都演完了，正好要演你们喜欢的电视剧，我还看什么啊？等我看完了动画片再吃饭不就行了吗？我又不傻。要不然，我就哭给你们看，让你们也吃不好饭，不让我看动画片，我也不让你们安心看电视剧！

家长应该怎么办

哭闹原本是一种简单的情绪表达，被溺爱的孩子将其演化成了一种"需求满足策略"。家长一见到孩子大哭大叫、遍地打滚、撕咬乱踢，登时手足无措，于是便屈服让步，家长这种曾经忽视、默许他的不耐心和急脾气的行为，让孩子获得了鼓励和经验："哭可以解决一切麻烦，哭了，什么都能立刻得到。"屡试不爽之后，孩子要做的事情，要得到的东西，都是哭到家长妥协了，他才肯罢休，面对家长的拒绝，不管正确与否，他先哭几声，看看家长的反应，说不定就能实现愿望了，而且胜过苦苦哀求。在与家长的拉锯战中，孩子日积月累地经历了一次又一次的"从被拒绝到最终得到满足"的过程，在命令家长、战胜家长中享受快乐，家长的种种纵容和忍让于无形中助长和负面强化了孩子用哭闹解决问题的任性行为，让孩子学会了以我为中心，由着性子做事，如果这个不良习惯进一步发展，培养耐性也就无从谈起了。

制止孩子哭闹要挟的错误做法

1.满足迁就孩子的无理要求

"投降派"的家长往往也是脾气急躁的人，他们总是急于把事情控制住，不想任其发展，也不愿意把时间消耗在和孩子磨嘴皮子上，所以只要听到孩子哭闹，立刻迁就妥协，什么事都按孩子的要求去做，常常不加区分地满足孩子的不合理要求，看似照顾孩子的感受，尊重孩子，实则是在"鼓励"他用哭闹、争吵和抱怨来为所欲为，把孩子往自私和任性的深渊里推，这种溺爱千万不可取。

2.用物品弥补或许诺哄骗孩子

孩子不安心写作业，总想着去看电视，家长不让，他就大声哭闹，家长只好说："你别哭了，好好坐在这里写作业，我就给你一个棒棒糖。"以后孩子想要什么东西时，就借用某件事由，选择哭闹的手段来和家长谈条件，这些想法一旦产生，以后教育孩子时家长会非常被动。家长也常常为了制止孩子的哭闹而许下自己根本不愿意去兑现的承诺，给孩子一张空头支票，这样的哄骗也许一时有效，但时间长了就会失去孩子的信任，家长在孩子心目中的威信也荡然无存，下回家长再去这样哄骗之时，只会换来孩子更大声的哭闹。

3.当着孩子的面批评其他成人

如果家庭成员的教育方法产生矛盾或对立，在对待孩子哭闹时，一个要打一个要护，争吵不休，孩子就会倾向于打动要护着他的那个家长，如何打动呢？那就是哭得更大声，闹得更离谱。涟涟的爸爸妈妈就是这样，所以他才有机会利用家长的意见不合来达成自己的愿望。

要是家长不那么冲动，不那么见不得孩子受苦，不那么急于博得孩子的欢心，不"鼓励"孩子的要挟行为，孩子也许会在遇到困难和不满足的时候学会控制自己的情绪,家长"狠心"的次数多了,孩子就会把有期限的等待当成是自然而然的事情,不会再被急躁的情绪驱使着无理取闹。相反,唾手可得的事物经常会让孩子喜新厌旧、不懂珍惜,那些饱含着向往和期盼、来之不易的事物,对孩子来说才是弥足珍贵的。

18

事先申明,对孩子的哭闹说"不"

情景再现

巧巧和爸爸妈妈一起去爬山,临去的前一天,爸爸找巧巧谈话:"我们这次要爬的山很高,而且没有什么辅助的交通工具,基本全是步行,需要你做足物质准备和心理准备,坚持到底,如果你坚持不了,也不可以对着我和妈妈哭闹、让我背你,或者让我们放弃爬山、带你回家,眼泪对我们是没用的,如果你能做到的话,我们明天就去爬山,如果你做不到,明天你就去奶奶家,我和妈妈去爬山。"

巧巧很是期待爬到山顶,俯瞰城市的景观,虽然自己有点怕累,不过奶奶家连电视机都没有,是超级无聊的,还是爬山有乐趣,于是连连点头答应。

"那我们就说好了哦,期待你明天的表现了,希望你是一个有毅力的孩子。"爸爸摸着巧巧的头说。

第二天清晨,一家三口就坐上大巴出发了。到了山脚下,巧巧看着那几百阶的石阶,心里不由地倒吸一口凉气:"好长啊,好陡峭啊,一定很累的。"巧巧好不容易走完了石阶,本以为可以轻松一下了,没想到,这只是走完了全程的五分之一而已,剩下的全是更加崎岖的石板路、有些泥泞的土路,甚至有些小路,已经荒草丛生了,他们来来回回兜了好几个圈才找到了正确的直通山顶的路。

眼看着距离山顶只有一步之遥，巧巧却坚持不住了，她气喘吁吁地说："爸爸，我累了，你背我吧。"

"咱们昨天怎么说的来着，我可是和你丑话说在前头了，你要是不遵守自己的诺言，那我们下回爬山就不会再带着你了。"爸爸说。

"可马上就要到山顶了，你背我一会儿就可以了。"巧巧说道。

"就是因为马上就要到山顶了，所以你才要一鼓作气地坚持住啊，我不是不可以背你，只是我一背你，整个爬山的性质就变了，就前功尽弃了，懂不懂？"爸爸说。

"爬山还要什么性质啊，我真的没力气了，走不动了，你再不背我，我就要哭了。"巧巧说。

"昨天和你说过的，哭是没用的，而且你既然有力气哭，怎么会没有力气走呢？"爸爸丝毫没有松口的意思。

巧巧见爸爸不为所动，也就放弃了要挟，捏捏自己的腿，喝了一大口水，继续往前走。10分钟后，他们终于到了山顶，景色堪比仙境。

"这就是爬山的性质啊，这么美丽的景色是完全依靠你自己的努力而得来的，是多么有成就感的事情啊。"爸爸感叹道，巧巧也略有所懂地点点头。

孩子的心里话

爬山的确是一件很辛苦的事情，上次我和爸爸妈妈出去，就因为走得脚疼了，让爸爸背我，爸爸让我自己走，我不愿意，所以就哭了，可爸爸没理我，还继续往前走。最后妈妈看不下去了，背着我上的山，把妈妈累坏了，爸爸还批评妈妈，说她太纵容我了。这次不知道是不是爸爸已经和妈妈打好招呼了，万一我又累得不想走路了，妈妈还会帮我吗？再哭一次还有效吗？

唉，今天妈妈没有向着我说话啊，有些小小的失望，不过幸好我坚持住了，没有去哭去闹，否则既丢人又破坏看风景的心情呢。

❓ 家长应该怎么办

孩子有时会用哭来表达自己的消极情绪，在家长的纵容之下，甚至会把哭当作解决问题的唯一手段，稍有不如意就要哭。巧巧以前可能就是这样的孩子，所以这次爸爸才提高警惕，事先和她约法三章，省得到时候又发生大哭大闹、场面无法控制的情况。事先和爱哭闹的孩子说"不"也是一种防患于未然的教育方法，家长应该传达给孩子一个正确的认知：哭闹实在是一个下下策，不仅无法达成愿望，反而会带来很多负面影响。

首先，哭闹是一种消极情绪，哭泣时间过长，会让对情绪极为敏感的胃肠功能受到影响，使其运动减慢、胃液减少、酸度下降，不能正常消化食物、吸收营养。有事没事就要哭两嗓子的孩子，他们的身体各器官的发育都会因此受到抑制。

其次，让孩子明白，对着别人哭闹，会让人觉得你是一个缺乏能力的弱者，既不能承受挫折，也没有能力解决问题，智商和情商都欠佳。在别人的心目中，你的形象会大打折扣，以往你认真学习的态度、你的优异成绩都会被一次无理取闹的哭泣行为所覆盖，不见光芒。

再次，哭泣所表达的不良情绪是会传染的，孩子一哭，家长生气，引发连锁反应，这会影响家长对待孩子的方式，当家长也没有足够的耐心去劝导、教育孩子时，会采取粗暴的解决方式，对孩子的伤害也就随之而来。平常脾气就急的家长可以告诉孩子："我的脾气你也知道，你一哭闹，我就更生气了，我要是控制不住自己，受苦的可是你，咱们完全可以有话好好说，你退一步，我让一步，事情总是能取得双赢的结果的。"

如何事先对孩子的哭闹行为说"不"

家长不妨事先就给孩子打好预防针，有意无意地让孩子从别人身上看到哭闹是解决不了问题的："如果遇到这样的事情，你也哭，我是不会满足你的，我不喜欢一个哭哭啼啼的孩子，如果好好讲明你的理由，或许我们可以达成一致。"比如家长带着孩子逛超市,看到有别的孩子在大哭大闹,和他的父母拉扯,非要买某样东西,父母一怒之下,揪着孩子的衣领子把他拖出了超市,这时,家长就可以对自己的孩子说:"看吧,那个小孩多不懂事啊,把他的父母都气坏了,你要是也这样,我虽然不会像他的父母那么粗暴,但我也不会迁就你、满足你的无理要求的。"

每次外出前先和孩子约法三章,讲清楚规则,预先给孩子一些提醒与暗示,让孩子清楚哪些行为是不被允许的,应对某种情况应该有什么样的行为,什么要求是合理的,什么要求在别人看来是无理取闹。让孩子逐渐养成听道理、讲道理的习惯,事前心里有数,遇事能自我控制。

而且拒绝孩子一定要从一而终,对待孩子的哭闹不能"先抑后扬"。事先说好不会满足孩子的要求,可孩子仍然哭了,家长乱了阵脚,松懈了对自己的要求,转变态度,迎合孩子的喜恶,这种言而无信会让孩子再也不去重视家长制定的规则。所以,家长拒绝孩子的冷淡态度一定要维持一段时间,这可以让他在心中产生些许敬畏,明白哭闹只是无用功,以后就会减少提出那些不合理要求的次数。

19

狠心也是爱,一开始就别屈从

情景再现

文文放学了,妈妈对她说:"你先去做作业,等爸爸下班后,咱们一起吃晚饭。"

文文进了自己的卧室,开始做起作业来。可没一会儿,她就来到厨房门口,看着正在准备晚饭的妈妈说:"妈,非要等爸爸回来才能吃晚饭吗?他要是今天加班怎么办?我现在想吃零食。"

妈妈说:"现在不许吃零食,再过一小时爸爸就回来了,你现在吃零食,一会儿肚子里还有地方放晚饭吗?吃零食能长肉吗?吃零食能长个儿吗?吃零食能提高智商吗?你想吃零食的话,也得等到吃完饭再吃啊……"

面对妈妈即将开始的唠叨,文文赶紧跑回了自己的房间,听到妈妈那边没有动静后,她关上房门,蹑手蹑脚地从衣柜里找出自己藏起来的零食,打开就吃。正吃得开心时,妈妈却推门而入:"一会我做鸡腿,你打算吃几个啊?——你干什么呢?不是说吃饭前不许吃零食吗?这是哪来的零食?"说完一把抢下了文文手中的零食,转身就走。

"还给我!"文文大喊着追了出去。

"回去做作业,你以后再饭前吃零食,我就再也不给你买零食了!"妈妈也生气了。

"你不给我买,我自己买,你管不着!"文文也不示弱。

"零花钱我也不给你,看你用什么买!"妈妈的语气越来越强硬。

文文这次没有说话,在和妈妈沉默着对视了2分钟后,她突然大哭起来,跑回房间,趴在床上继续哭,口中呜咽着:"我就要吃零食,我就要吃零食。"

"你哭也没用。"妈妈用力攥紧了手中没收的零食。

文文的哭声更大了,把被子枕头扔在地上。

"不能吃就是不能吃。"妈妈的声音渐渐显得底气不足。

文文一边哭一边把作业本装进书包里:"我要离家出走!"

"你别折腾了行不行?"妈妈有些慌了。

文文的哭声愈演愈烈,丝毫不在意妈妈说些什么。

"好了,好了,零食还给你,别哭了,一会嗓子都哭哑了,为了几口零食至于吗?"妈妈终于妥协了。

文文的哭声仿佛被拔掉了电源一样,立刻停止了,拿着零食大快朵颐起来。

妈妈无奈地叹了口气。

孩子的心里话

爸爸果然说得没错，眼泪真的是超级大绝招，他小时候只要奶奶不给他买零食，他就哭，奶奶一心疼就给买了。现在妈妈也是这样，她最听不得我的哭声了，不管前面她说话有多严厉，只要我一哭，稍微可怜一点，她就会心软。有一句成语怎么说的来着，对了，"屡试不爽"。下回我也不和她争辩了，直接哭，我刚才要是早点哭，早就吃到零食了呢。

家长应该怎么办

当孩子因为没耐心而对发生的事情产生抵触，选择大哭大闹来抗议时，家长要区分孩子的哭闹是因为合理的要求还是不合理的要求。一般来说，提出合理要求的孩子会理解家长的解释，停止哭闹。但家长一定要言而有信，要不然下回孩子的合理要求再被推迟时，任凭解释，他也不会停止哭闹，因为家长已经失去了他的信任。如果孩子现在的要求就是不合理的要求，是任性的表现，家长不妨采取冷处理和转移注意力的方式。

冷处理就是对孩子的任性哭闹不予理睬，先用简洁的话解释一下为什么不能马上满足他的原因，不要强迫孩子立刻停止哭闹，而是告诉他："你自己想一想妈妈的话对不对，如果你还是想哭，等你哭够了再来找我。"然后不动声色地坐在和孩子保持一定距离的地方，或者选择到其他房间做别的事。如果这段时间里孩子想通了，家长的道理变成自己切身体验的感受，认识到大哭大闹并不能让家长去满足那些不合理的要求，他就会停止哭闹，寻求其他理智的方式恰当表达意愿和家长交流，这胜过你在他哭闹得正来劲儿时费尽唇舌地给他说理。几次之后，孩子就不会再用哭闹作为要挟家长的手段了。家长在每次遇到这种情况时，一定要坚持原则，前几次拒绝了，这一次妥协了，就会前功尽弃。当他哭累了之后，原本急需被满足的欲望也没有那么强烈了，这时再和他摆事实讲道理，孩子也比较容易接受。需要注意的是，如果家长把握不当，冷处理很容易发展为不利于孩子成长的"冷暴力"，不理睬不等于完全忽视，不理睬的目的是为了在一个双方都理智的情况下进行说服教育，而不是一味地回避孩子的要求，无视孩子的感受。

转移注意力的方法也比较有效，越是孩子感兴趣的事，越能更快地把孩子从哭闹中引开，让心情慢慢平静。因为情绪会对认知产生影响，好比伤心时看什么都是灰色的，开心时看什么都是亮色的。要求得不到满足时就觉得爸爸妈妈是不爱我的，在情绪的影响下，很难马上改变认知，接受家长的拒绝行为。这时别硬要孩子遵从你的想法，可以通过转移孩子的注意力来缓解负面情绪，虽然这是治标的办法，但确实必要。

孩子的每一次哭闹，都是对他进行教育的机会。家长要分清哪些事情是可以满足孩子的，哪些事情是坚决不能妥协的，立场要坚定，要知道，狠心也是一种爱。不仅要让孩子明白大哭大闹在家长面前是一种不会得到回应又耗费体力的行为，同时也要教会孩子怎么正确宣泄情绪，这就需要家长为孩子做出榜样，让他知道除了哭闹厮打的发泄方式之外，还有其他更有效的方法可以解决问题。

20

尊重孩子，公众场合哭闹先带离现场

情景再现

然然和妈妈一起出门，妈妈要先去剪头发，然然却一心想着先去超市买零食，他不情愿地陪妈妈坐在理发店里，等待排到妈妈剪头发。终于轮到妈妈剪头发了，可然然嚷着要先去买零食，一会儿再回来陪妈妈剪头发，妈妈说："好不容易排到我了，我现在离开，你觉得合适吗？"

于是理发师开始为妈妈剪头发，但然然仍然不开心，嘴里喃喃自语，一会儿说妈妈不好，一会儿说理发师太慢。妈妈见他这样，生怕惹得理发师不开心，把自己的头发剪坏了，就对然然说："注意自己的言行，我一会儿就剪完了，你十几分钟都等不了吗？"

听到妈妈批评自己，然然越发地把没有能立刻吃到零食的原因归罪到妈妈头上，嘟囔了几句，就开始哭了起来："我就要去超市，我不要在这里，我要买零食！"

声音越来越大，在近乎安静的理发店里分外刺耳，妈妈强忍怒火地说："你多大了，还哭，丢不丢人，给我闭嘴！"

然然见妈妈没有妥协，于是哭得更大声，还把理发店的杂志狠狠地摔在地上。

理发店的收银员走过来，尴尬地说："小朋友，你妈妈一会儿就剪完了，别哭呀，把脸都哭花了，多难看。"

旁边也在剪头发的一位中年大叔可没有这么好的脾气，骂骂咧咧地说："哭什么哭啊！当这里是你家吗？吵死人了！还开始扔东西了呢，一点都没有教养，大人怎么教的？"

妈妈坐在座位上，脸色憋得通红，恨不得当初就没生出这个孩子来，现在也不会在大庭广众下这么丢人了。于是还没等理发师完成最后的一步——吹头发，她就匆匆地付了款，拉着然然走了出去。

他们没有如然然的愿去超市，而是直奔家中，到了家里，妈妈抄起擀面杖就朝着然然的屁股打去，力度虽然不大，但然然就势倒在地上，越发地撒泼打滚起来。

"让你哭，让你豪！让你给我丢人！"妈妈的责骂声不绝于耳，然然的哭声也越演越烈，到最后，一个打得手疼，一个哭得失声，谁的事情都没有圆满完成。妈妈不禁自问："这样任性、没耐心的孩子，我该拿他怎么办才好呢？"

孩子的心里话

不先让我去超市买零食，我就哭，就在这么多人面前哭，让你没面子，你越骂我，我越哭，你让我丢人了，我也让你丢人！

60个妙招 帮你培养孩子的耐心

家长应该怎么办

孩子在公共场合因为欲求不满、缺乏耐心而哭闹时，家长首先要格外保持内心平静，不要因为周围都是陌生人苛责的眼光而觉得不自在，以自我保护的情绪带动出迁怒孩子的情绪，针尖对麦芒会使得僵持不下的场面更为严重。既没有必要流露出一丝的愤怒和沮丧，也不用对孩子刚才的行为做出评论或者说教一番，最好能试着站在孩子的角度去理解他的感受，不跟孩子较劲，避其锋芒，反而会应对轻松。然后是保持温和的心态，迅速将孩子带离事发地点，来到一个相对僻静的角落或者直接回家，避开他人的目光和言语，给孩子一个不受干扰的环境，让他自己顺其自然地发泄情感，给他时间和空间用来反思。然然妈妈虽然将然然带回家中，却采用粗暴的方式，发泄自己的不满，实在是与在事发地点打骂孩子的效果殊途同归，反而没有教育效果。哭是人们发泄情绪的最简单、有效、易于操作的方式，允许他哭一会儿，不要压制孩子、厉声制止地说"不许哭，马上停下来，再哭一声你试试"，家长要在一旁耐心安静地等待孩子平息下来。孩子在公共场合哭闹，不用别人告诉他，孩子也知道自己在做什么，知道这是一种当众出丑的行为，家长的长篇大论比不上孩子自己想明白，一般几分钟之后，他就能控制住自己的感情，至少不是哭得那么大声了。

但同时管教孩子需要注重时效性，带离现场不意味着要放弃管教、让此事作罢。等孩子的心情稍事平息，或者不再执意强求家长满足自己时，家长要及时给他一些亲昵的动作和言语上的鼓励，表现出你对他很有信心，比如拉着孩子的手说："我很高兴看到你不再哭闹了，你能够控制自己的情绪，不再像个不懂事的孩子了，这很好。"在尊重孩子的前提下，家长依然可以正面管教，讲明利害，让他及时意识到自己的哭闹行为是错误的、无效的。

如果家长要做的事情比较重要或者必须按照日程规划来完成，那么就不要回应孩子的哭闹，继续做自己的事，尽快完成后再带孩子离开。

21

零用钱效用，让孩子明白哭闹的后果

情景再现

"谁最后吃完饭，谁就负责刷碗。"妈妈提议道，这话多半是说给平常一贯喜欢拖拖拉拉的源源听的。

源源和爸爸一边往嘴里送菜，一边答应着。不一会儿，爸爸最先吃完了，去看他的球赛，可源源仍然在菜盘里挑三拣四地把尖椒炒豆皮里的尖椒放在一边，只夹豆皮吃。不知不觉妈妈也吃完了，她放下碗筷对源源说："看吧，你又是最后一名！一会儿记得刷碗，我们说好的。"

"哦，你们怎么吃得那么快啊？"源源不情愿地说。

"不是我们吃得快，是你吃得太慢了，一会儿东张西望，一会儿挑三拣四的，不最后一名才怪呢。"妈妈说道。

虽然磨磨蹭蹭的源源还是吃完了饭，但到了厨房，他却消极地抵触着洗碗这个任务，没过一会儿，他就从厨房跑了出来，钻进自己的卧室。妈妈来到厨房一看，碗盘还是那些碗盘，只是变换了位置，根本就是一个都没有刷。

"你为什么不去刷碗，刚才不是说好的，谁最后吃完饭，谁就负责刷碗的吗？你要食言了是吗？"妈妈说。

"我不想刷碗，我还要看杂志呢，一会儿就要睡觉了，等我刷完碗，哪有时间看杂志啊。"源源说道。

"谁让你吃饭那么慢的，是你把自己看杂志的时间给挪用了，现在给我刷碗去，别那么多废话。"妈妈严厉地说。

71

"不要嘛，不要嘛……"源源开始和妈妈拉扯起来，见自己没有妈妈的力气大，马上就要被送进厨房了，源源立刻大哭起来。

"哭什么啊，又不是拉着你去刑场，只是让你履行自己的义务，你自己应允下来的事情，自己却没有耐心完成？"妈妈说。

源源仍是哭着，扒着厨房的门框就是不进去。妈妈见状，说了一句："好吧，你去看你的杂志吧。"

源源满心欢喜地以为妈妈是妥协了投降了，可第二天妈妈却没有给他零用钱。他去问原因，妈妈是这样说的："昨天刷碗是你的责任，你没有刷，还哭闹，我帮你刷了，利用的是我自己的时间，我需要你为我支付报酬，所以你今天的零用钱就作为我昨天替你刷碗的报酬了。"

孩子的心里话

怎么会这样，说话不算数就要拿走我的零用钱，什么道理啊？妈妈怎么能这样呢？早知道我昨天把碗刷了就好了，不对，早知道我昨天快点吃完饭就好了，还是不对，早知道我昨天就不应该答应什么"谁最后吃完饭，谁负责刷碗"。

家长应该怎么办

首先要明确的是孩子应该有零用钱，这样能帮助他理解如何对待金钱、什么样的情况该花钱、如何花、如何用钱去帮助别人和自己、理解钱的概念、体会父母的难处，也可以鼓励孩子自己去理财，攒钱实现愿望。但零用钱绝不能沦为家长和孩子之间博取或剥夺利益的手段，不能因为孩子做对了，而增加零用钱，也不能因为孩子做错了，就减少零用钱。

不要为了让孩子做家务、写作业而给孩子零用钱。付钱让孩子去做那些他本应该去做的事，从本质上说是对他的不尊重。这样"付费的贡献"会打击孩子做事的主动性、积极性，让他不能用积极的和充满爱的方式找到自己在家庭中的位置，对建立孩子的归属感毫无益处，孩子会觉得："除非给我钱，不然我不会帮忙做任何事。"从小就要让孩子知道权利与义务的关系，不尽义务不能享受权利。多做家务不会多给零用钱，因为做家务是义务，不做家务就扣零用钱，并不是要把"拒绝给孩子零用钱"作为不做家务的惩罚，而是因为孩子没有尽自己的义务，而别人替你完成了工作，所以要从自己的零用钱里支付给别人报酬。源源妈妈的做法很对，她用实际行动告诉孩子，哭泣不会让事情更好，有可能会损害孩子自己的利益，会让自己失去本来可以拥有的东西，让事情更糟，并不是可以解决问题的一条捷径。

把扣孩子的零用钱当成他做出的选择而带来的后果往往非常有效。比如，孩子为了早点出去玩，不愿意耐心地做家务，而选择大哭大闹的手段，以此换取家长的听之任之，当他选择离开家并且知道家长会替他干完家务的同时，他就已经无声地雇用了家长，家长已经给了孩子选择的机会，他的不同选择会导致不同的后果，家长从零用钱中扣除自己应得的部分也就无可厚非了。孩子刚开始可能对这种教育方法无法理解，一次两次这样的处理方法会让孩子有抵触情绪，家长可以和孩子讲明缘由，比如"昨天晚上我不得不替你洗碗，所以我从你这周的零用钱里减掉了明天的零用钱，作为我的报酬"。家长甚至可以准备一份账单，在给孩子零用钱的同时把账单给他看，上面注明这个星期他需要支付的雇用帮手的费用。家长用冷静的方式实施了后果，并以此制定家规，把丑话说在前头：如果孩子不愿意为属于自己的那份工作负责，就意味着其他人不仅要做自己的工作，还需要帮助他，那个承担了额外工作的人必须获取补偿。慢慢地，孩子能够了解和权衡事物之间的利害关系后，他会乐意牺牲一下小的利益，成全大的利益，耐心和责任心也就随之而来，家长就会看到孩子行为的改变，当孩子学会用积极的方式获得归属感时，就会放弃哭闹。

第四章
没耐心坐不住，父母怎么办

上课时，孩子坐不住，东张西望；写作业时，孩子坐不住，摸摸这儿碰碰那儿；家长说话时，孩子坐不住，一溜烟地跑走；吃饭时，孩子坐不住，吃几口就说饱了……面对这样没耐心、没定力的孩子，家长们往往在不断地提醒和责骂之后感觉身心疲惫，不知道该如何去说、如何去做，才能让孩子的注意力集中一点，专心完成眼前的事情。本章着重讨论的是那些天性好动的孩子在没耐心做事和学习的时候，家长的应对策略。

22

学习坐不住，总是先玩半天再做作业

情景再现

坤坤放学回到家里，把书本往床上一扔，就开始拿起玩具玩起来。妈妈见状，就说："怎么一回来就玩啊，先把作业写了再玩！"

坤坤只好把玩具放在桌子上，写起作业来，还没做上两道题，他又把玩具拿在手里把玩，一时兴起，干脆躺在床上去玩了。

妈妈没听见坤坤写作业时的笔尖摩擦纸张的声音，倒听到了床铺咯吱咯吱的声音，就料到他一定又是去躺着了："写你的作业去，作业没写完，玩什么玩具啊，再看见你玩，我就把玩具没收了。"

"好好好，我马上去写。"坤坤不乐意地回到椅子上，继续写作业。没写一会儿，他的心思又被玩具给牵走了，可想到妈妈说要没收他的玩具，他也不敢拿出来玩，只好寻求其他乐趣，于是将目光转移到客厅茶几上的那几本漫画书上。趁妈妈不注意，他赶紧跑到客厅，拿了漫画书就走。妈妈看见坤坤急匆匆的背影，便问："你出来干什么？作业写完了？"

"快写完了，我喝口水，继续写去了。"坤坤背对着妈妈答道，生怕妈妈看见他手里的漫画书。回到卧室，他把漫画书压在作业本的下面，时不时地看上几眼，有时甚至因为里面的情节而情不自禁地笑上几声。

"你笑什么呢？写作业还有好笑的事情？"妈妈问道。

坤坤赶紧用作业本压住漫画书，慌忙答道："啊，我刚才解决了一道很难的题，所以开心嘛。"

"快点写吧，一会儿就吃晚饭了。"妈妈并没有发现他的小伎俩。

坤坤看完了一本漫画书，想再去换一本，于是又蹑手蹑脚地来到客厅，妈妈问："你又出来干什么？又渴了？难道椅子上有钉子不成？你怎么就是坐不住，不能耐心地写作业呢？"

"我上个厕所，上个厕所，人有三急嘛。"坤坤见自己换书不成，只好往厕所里走。

最后临到吃饭时，他的作业也才完成了一半。妈妈一看，不仅是进度太慢，而且错题也不少，不由得摇了摇头。

孩子的心里话

写作业真是好无聊，尤其是写数学作业，根本不想坐在这里，还是玩具和漫画书有意思，幸亏妈妈没发现我偷偷看漫画书，要不然就不是批评我几句写作业太慢了，肯定要被骂一顿的。

家长应该怎么办

许多家长抱怨孩子对学习缺乏耐心，尤其是他面对具有一定挑战性的学习内容时，更是显得心浮气躁，不能定下心，一有动静就很活跃，往往只坐了一会儿，就要站起来东看看、西瞧瞧，翻翻这个，摸摸那个，一刻也停不下来，小动作特别多，总是先玩一会儿才能去动笔写作业；写作业时也没有耐心，急于追求速度，低级错误层出不穷，经常抄错题、漏掉题、写错题，效率极低，花费了大量时间，学习效果却依然很差。

孩子在学习的时候为什么会坐不住呢？

原因一．孩子日常的游戏时间太少

很多家长不但给孩子安排了太多的学习班，还喜欢给他布置一些家庭内部的作业。久而久之，孩子也看出了问题的所在，总结出来：只要我有空闲时间，家长就会安排一个接一个的任务。于是孩子长期被"学习"压制着玩的意愿，就想方设法地把游戏时间化整为零，穿插在其他事物中，在写作业时边写边玩。

对策：节约的时间由孩子自由支配。家长应该把每天老师布置的作业做一个大概的用时估计，一定要给孩子留下可以自由支配的休息时间，不要总是对孩子层层加码，把孩子写作业节约出来的时间用来强塞进去更多的学习任务。如果孩子完成老师布置的作业一共需要一个半小时，孩子提前保质保量地完成了，家长就要把孩子节约出来的时间还给孩子，给孩子自由安排生活的权利，他可以用省下来的时间做一些自己感兴趣的事情，玩玩具、玩游戏、看电视，或者进行体育锻炼等。天长日久养成这样的习惯之后，孩子就会抓紧时间完成作业，越早写完就越有更多的时间玩了。

原因二：抵触学习，"磨洋工"

以前小学低年级的时候，学习内容和幼儿园衔接紧密，很多知识孩子早就已经掌握了，难度低，作业量也少，当然不会有抵触学习的问题。到了现在，学业负担越来越重、家长期望越来越高，不觉中增加了孩子的紧张情绪，原本就缺少耐心的孩子在遇到不熟悉的问题时更加容易散漫地"磨洋工"、胡乱应付一下，甚至干脆厌恶地放弃。耐心就这样被一个个拦路虎消磨掉了，也是可以理解的。

对策：规定时间没有完成立即停止。要给孩子设定一个时限，没有按时认真完成作业，就不要再写了，必须保证孩子十个小时的睡眠时间，作业没有完成，第二天会受到老师的批评。但家长要具体分析作业的量和难度，太多太难的作业就不适用这个办法。

原因三：学习障碍在作怪

一些家长没有意识到孩子学习时的坐不住和成绩不好，并不是"贪玩""不用功"导致的，而是跟孩子存在某种学习能力障碍有关。儿童学习障碍是指儿童的智力在正常范围，其智力测验分数（IQ）大于70，但在学校的学习中却存在严重困难，在一门或几门主要课程（语文、数学等）的学习中有特殊障碍，常常达不到教学大纲规定的及格要求。一些儿童学习的学习障碍可能与脑损伤、脑发育不良、遗传、感染或营养不良有关，家长的过分溺爱、过度包办也是影响孩子学习能力发展的一个重要因素，在一定程度上阻碍了孩子语言、动作能力的发展。

对策：家长要帮助孩子克服听、说、读、写、算等基本学习能力的落后或不足，借助有针对性的训练来弥补这些不足。年龄越小对学习障碍的矫治效果越好，5至10岁是矫治的关键期，要及时发现、及时干预。

一分钟专项训练。以一分钟为一组，每天练习三到五组，练习时间以一星期为宜。

（1）训练孩子专心做题。准备几十道简单的加减法口算题，看孩子一分钟内最多能做多少道。让孩子感觉到一分钟内自己有能力完成十多个小题，反思一下自己写作业时，为什么几分钟也写不出一个小题。

（2）一分钟写汉字训练，选择一些笔画和书写难度相当的生字，看看孩子在一分钟内最多能写出来多少个字。

（3）一分钟写数字训练。一分钟内从0到9快速书写，看一次能写几组。

原因四：注意力被外界干扰

孩子的注意力是非常容易受到干扰的。别人在一旁自顾自地看电视，或者高谈阔论，都会使孩子的注意力分散，孩子在学习时总惦记着电视，或者猜测大人谈论的内容，真正能用在学习上的时间必然短暂，养成三心二意、东张西望、磨磨蹭蹭、草草了事的毛病。

对策：在孩子学习时，家长要尽量为孩子创造一个安静的学习环境，不要看电视，说话也要控制音量，不给孩子产生可以转移注意力的兴趣点、引发他的急躁情绪。家长更应该以身作则，注重自身的精神文明修养，为孩子做出一个克服急躁个性的榜样，当孩子在专心学习时，家长也可以专心做好自己该做的事，以耐心的示范去影响孩子，共同进步。

23

先说一堆优点，让孩子高高兴兴接受批评

情景再现

沐沐虽然是一个女孩，不过从小就营养过剩，体重比班级里最胖的男生还要重。爸爸妈妈为了帮助她减肥真是花尽了心思，孩子尚是生长发育时期，药物减肥是不予考虑的，针灸减肥又太痛苦，只有运动减肥和饮食控制才最行之有效。沐沐对于爸爸妈妈安排的每天的运动量也没有什么异议，不管是跑步还是仰卧起坐，不管是跳绳还是呼啦圈，她也都能按时按量地完成。每次运动过后，再去称体重，都会少个一两斤，可是第二天再一称，体重又回来了，这是怎么回事呢？

原来沐沐虽然很配合运动减肥，可饮食控制这项内容却让她极为抵触，每每看到各种零食、糖果、糕点、冰激凌，她就欲罢不能，馋得不行。妈妈规定这些高热量的食物每天只能吃一次，而且限量，并且安排在晚饭之后，为了让沐沐少吃点零食，妈妈仔细研究各种减肥餐，争取做得又健康又好吃。不过沐沐似乎并不为所动。

"一会儿就要吃饭了，你不好好写作业，到处乱走什么，是不是又在找零食？"妈妈问道。

"我饿了，先吃点。"沐沐说。

"吃什么吃？一会儿就开饭了，你再等等吧，小时候就是因为零食吃太多，所以现在才这么胖的，还管不住自己的嘴，一点定力都没有。"妈妈批评道。

81

"我嘴里不吃点东西，真的没法耐心做作业啊。"沐沐说道。

"吃吃吃，就知道吃，一个女孩，好意思让自己这么胖吗？丢不丢人，跟你一起出门，我都觉得害臊。你要是天天无论做什么事都坐不住，一心就想着吃零食，那些运动不是白做了吗？猴年马月才能瘦下来啊？"妈妈滔滔不绝地斥责着。

"人是铁，饭是钢……"沐沐说了一半就被妈妈打断。

"我是不给你吃饭吗？我饿着你了吗？你就是嘴馋，以后再偷偷摸摸地拿零食吃，你晚饭就别吃了！"妈妈步步紧逼。

孩子的心里话

妈妈怎么这么说我啊，又不是我想让自己这么胖的，真的是控制不住自己的嘴啊，无论做什么事都静不下心来，总是觉得饿。妈妈这么骂我，我现在都有点不愿意减肥了。

家长应该怎么办

大多数家长在教育孩子时，总会纠结孩子"坏"的细微之处，而忽视了"好"的整体，就像是家长看着镜子，只会关注镜子上的污点，而注意不到镜子本身的材质和做工一样。往往越是把孩子的缺点——数落、不依不饶，孩子就越是听不进去，甚至屡教不改，如何能让孩子变成有耐心的人呢？说服教育究竟是要侧重严厉，还是侧重温情呢？家长们需要做的就是改变思维模式。

这里就要先说一说"南风"效应了，它也称"温暖"效应，是一种因启发自我反省、满足自我需要而产生的心理反应。最早源于法国作家拉·封丹的一则寓言：北风和南风比赛威力，都说自己最厉害，比赛内容是看谁能把行人身上的大衣脱掉。北风开始呼呼吹起，瞬间冷风凛凛、寒冷刺骨，企图要把行人的衣服吹掉，结果行人为了抵御北风的侵袭，不仅没有脱掉大衣，反而把大衣裹得紧紧的。南风则不动声色地徐徐吹动，带给周围一片风和日丽的景象，行人觉得身上暖暖的，于是便解开了纽扣，过一会儿觉得热了，就脱掉了大衣，南风最终获得了胜利。

这则寓言就是教育中思维模式转变的最好例证，南风之所以能取得胜利，就在于它的行动顺应了行人内心的需要，暖风越吹越热，冷风越吹越冷，人们热的时候自然要脱衣服，冷的时候自然要多穿衣服，北风不懂得这一点，妄图用强力来迫使行人的衣服吹落，南风了解人们的心理需求，几乎不费力气，就让人自行脱下了衣服。由此可见，家庭教育之中如果经常用北风吹孩子，孩子便会加强自我保护，很难让家长如意，严厉直接的挑错教育是不可取的。沐沐妈妈就错在了这里，一直在不停地数落孩子，把孩子说得一无是处，不顾及孩子的自尊和内心需要，才让沐沐更加抵触爸爸妈妈为她制订的减肥计划，无法耐心地去实施完成。家长要学会实行南风般的温情教育，先试着看到孩子的优点，予以肯定，为亲子交流创造一个轻松、没有压力的氛围，多点"人情味"式的表扬，有点抛砖引玉的意味，然后再委婉地说出孩子的缺点，表达希望孩子更完美的意愿，培养孩子上进的自觉性，才能事半功倍地让孩子克服焦躁。

孩子学习时如果静不下心来，总是坐不住，家长首先要肯定孩子对功课所付出的心血，在要求孩子坚持学习之前，不妨先夸奖他的优点，比方说"你的字写得很端正、很清晰""这几道题做得不错，思路很好，答案也对""你已经完成一大半作业了，速度很快呀""这篇作文比上次那篇写得好多了"等，着重强调孩子已经取得的进步，间接地传达给孩子"只要再坚持一下就能获得最终成功"的指令。孩子会从自己的这些优点里获得更大的动力，增强信心并提高学习意愿，孩子的心态变得积极、乐观了，刚才的那些浮躁和无聊就会被抵消，他自然比较乐于接受你的指正，一口气写完作业。

若是家长发现孩子的作业有错的地方，也不要急着去批评他，遇上20道题做错了5道题这样的情况，家长不同的态度和教育方法会带来截然不同的结果。不要开口就说"这里做错了""你瞎写什么啊""你上课一定不专心"，与其把说教的重点放在孩子出的错误上，给孩子施加压力，不妨以体谅、委婉的语气告诉他："你做得很快，昨天用了30分钟，这次只用了20分钟呢,你做对了15道题,很不错,不过还有5道题没有得出正确的答案,你先别急着去玩,应该再检查一遍,力求尽善尽美。"如果孩子一时找不出错在哪里,家长就用建议的口吻问道:"你觉得这道题简单不简单?"或者问"这道题这样做的话,会不会更好点?"家长顾及了孩子的自尊心,孩子也会想让自己"更好",就会乐意再坐一会儿,去检查作业。孩子及时改正了自己的错误,家长就要把握机会表扬他。

24

投其所好,利用孩子的兴趣培养专一性

情景再现

仔仔上小学五年级了,每天放学之后,不到吃饭的点是不会回家的,即使被强迫坐在家里,用电视吸引他,他都不感兴趣,一心想着往外跑。妈妈觉得孩子一直这样下去可不好,什么事都坐不住哪行啊,不会是多动症吧,如果在课堂上也是这样的话,成绩何时才能提高!

于是她给仔仔报了托管班,顺便也报了作文班,希望他能在其他人都安安静静专心学习的氛围感染下,静下心来,耐心地对待一切。可仔仔对妈妈的一番"苦心"却一点也不领情,甚至逃课了好几次。为了一探究竟,妈妈在仔仔放学后偷偷地跟着他,看看他都去了哪里,干了什么。

只见从校门口走出的仔仔,刚开始还信步缓行,一旦离开了老师的视线,他便立刻飞奔起来,跑到了隔壁一家废弃工厂的广场上,这里已经聚集了十几个年纪差不多的孩子。广场不是很大,不过孩子们用铁丝在两侧对应的墙上做出了两个简易的篮筐,这就是他们的篮球训练场。仔仔把外套随手往窗台上一堆,就加入了比赛的行列,兴致

勃勃地传球运球，虽然动作还有些笨拙，而大汗淋漓的他并没有感觉到一丝疲惫。

妈妈先回到了家，等着仔仔回来。家里其他人已经动筷子要开饭的时候，仔仔才回来。

"今天去托管班了吗？"妈妈冷着脸问道。

"去了。"仔仔有些心虚地说。

"去了？你撒谎时一点都不脸红吗？"妈妈质问道。

"我没撒谎，真去了。"仔仔说。

"我看你是真去学校旁边打篮球了才对！"妈妈喝道。

"您怎么知道的？您跟踪我？"仔仔吃惊地问。

"托管班是给你交了钱的，你不去上，天天在外面疯玩，以后能有什么出息，就你这么点小个子，打什么篮球，根本不是那块材料，还不如去好好补习，把成绩搞上去有用！"妈妈说。

"谁说个子矮就不能打篮球了？打篮球才能长个子呢，我喜欢打篮球，我宁愿打一天的篮球，也不愿意在教室里坐上一节课。"仔仔说。

"你还想什么事都由着你的性子来？以后不许你放学之后再去打篮球！"妈妈说道。

孩子的心里话

妈妈管得可真宽，什么事都要插手，我喜欢做的事情，偏偏不让我做，我不喜欢的事情，非让我坚持，简直就是折磨，一点都不照顾我的感受，太霸道了。

家长应该怎么办

现实生活中，有很多人都会犯仔仔妈妈这样的错误，胡乱干涉孩子的兴趣，这会给孩子带来一定的危害。一是家长对孩子兴趣的过分干涉会使孩子对自己的兴趣爱好产生以偏概全的认识，否定自己对事物的判断能力，认为自己不明事理、不成熟，从而变得没有自信，做什么事情都提不起心气来；二是家长不去考虑孩子的爱好兴趣，不听孩子的解释，而是强加给他家长认为应该学的东西。这些强迫的学习不仅无法让孩子多才多艺，反而使孩子失去发挥自己才能的机会，越发觉得家长不能理解他、尊重他，容易使孩子产生厌烦和抗拒心理，孩子一旦开始厌学了，就会把这种焦躁情绪发泄到其他学科，最终为培养孩子各方面的耐心增加难度。

谁都知道兴趣是最好的老师，有了兴趣就有了目标，孩子非常愿意去做自己喜欢的事，学习过程会变得更轻松、更快乐、更持久，这样也会激发孩子的最大潜能，从而在某一领域占有一席之地，这种积极作用会贯穿孩子的一生。其实有时家长也想尊重孩子的兴趣和爱好，投其所好，但不知道从哪里着手、如何将被动地培养孩子的耐心转化为让孩子在自己的兴趣爱好中主动去坚持不懈。

家长要善于发现孩子的兴趣爱好，养成仔细观察孩子的习惯

哪些事情是孩子感兴趣的？那些孩子反反复复做的事情！如果孩子总是在课本上乱涂乱画，怎么说也不听，那么家长就应该送他去学习绘画了；如果孩子总是在路上看见易拉罐瓶子就要踢几脚，那么家长就应该送他去学习足球了；如果孩子总是时不时地冒出几句英语，那么家长就应该送他去学习英语了……就算家长没有时间认真观察孩子的举动，也可以多听听孩子的想法，多问问孩子喜欢做什么。然后找到能让他有充分耐心对待的事情，家长要尽可能地为孩子创造机会、创造条件，举一反三地扩大其范围，培养孩子有一种或几种爱好，让他能自发地产生"去尝试"的喜悦以及家长期盼的"学习意愿"，就势将这种好的苗头深入生活之中，借以培养各方面的耐心。

家长要尊重孩子的兴趣爱好，切记不可盲目跟风

家长对孩子的期望可能是这样的，而孩子自己的兴趣爱好可能是那样的，难免存在冲突，但只要是积极向上的兴趣爱好，家长就应该淡化这种差距感，选择尊重孩子，不去盲目跟风其他孩子都在学习的东西，既要尊重孩子的个性，也要尊重孩子的选择。孩子在做自己喜欢的事情时，他会投入百分之百的努力去让自己的创造力和潜力得到充分的发挥，通过对于兴趣爱好的坚持，孩子的专注、认真、耐心的好习惯也同时得以加强，虽然孩子掌握的特长内容并不全面，但是他所具备的优秀品质却能得以全面发展。

25

没有重大不妥，宽容淘气，尊重其选择

情景再现

苗苗妈妈让她去洗袜子，可是苗苗接了一盆水之后，就把应该洗的袜子放在一旁，开始玩起水来。她把香皂盒当成小船，在水里划来划去，玩了一会儿，又拿出洗衣液放在水里，搅拌均匀后，做成了泡泡液，装在空的泡泡液瓶子里，在卫生间吹泡泡玩。

妈妈看见苗苗进去半天都没出来，就去看看怎么回事，见到女儿没有好好地坐在小板凳上洗袜子，反而站着玩起了吹泡泡，心中十分不满，于是批评她："我是让你来洗袜子的，还是让你来吹泡泡的？赶紧洗袜子，别磨磨蹭蹭的，早点洗完，明天就能早点干，就可以穿了，要不明天还是湿的，我看你怎么办。"

苗苗说出了自己的想法："我想先玩会儿洗衣液，这样还可以吹泡泡，然后再去洗袜子，洗衣液也能接着用，如果我先去洗袜子，水脏了，就没有可以吹泡泡的洗衣液可用了。我这是，我这是，对了，可持续发展。"

"什么和什么啊，别乱用词，我让你干什么，你就干什么去，别

说哪些没用的。"妈妈脸色阴沉。

"我会洗袜子的，又没说不洗，先让我玩会儿嘛。"苗苗说道。

"玩什么玩，一点正事都没有，盆里的水不是你的玩具，你看你把水都弄到地上了，小女孩不能这么淘气。"妈妈如是说。

"我又没做坏事，淘气怎么了？"苗苗噘着小嘴。

"赶紧洗袜子，我一会儿再过来看，你要是还在这里玩水，我可就要生气了。"妈妈说。

孩子的心里话

妈妈的思想太老套了，什么事情都是一根筋，永远一加一等于二，一点都不会转弯，智商还赶不上我呢，我干吗要听她的话？我有我自己的想法，不管你想不想听、愿不愿意，我就是要这么做，你管不着也管不了。

家长应该怎么办

现在有些家长要求孩子的一言一行都必须按照父母的要求和规则来，约束孩子不可以自己决定、不可以自己选择、不可以自己独立行动，不允许有家长要求之外的例外存在。他们习惯站在自己的角度对孩子的行为做出主观的评价，孩子的对错由家长来判别，即使这件事本身并无对错之分，只是孩子的一时淘气，他们也要将其重描成孩子的恣意妄为、与父母作对，上升到品德问题的高度。

长此以往，孩子就会认为他的想法总是被家长忽视，由此觉得自己的决定是幼稚的、错误的、微不足道的，简直连想都不要去想的，说出自己的观点后只会引来无休无止的"唠叨"。逐渐地，孩子就会丧失自我决定与负责任的能力，而这些能力的缺乏只会带来遇到事情之后的恐惧和紧张，手足无措，以至于做事虎头蛇尾、遇难则弃。还有一些孩子会走向另一个极端，那就是为了证明自己的存在、引起家长的注意和重视，他们有可能会抛弃掉原来的那些心平气和与耐心守纪，转而表现出越发地倔强叛逆，遇到事情的时候不愿与家长进行交流沟通，固执己见、不计后果，家庭亲子关系就会比较僵化，缺少弹性和互动，最终导致孩子的想法和行动都与家长的要求背道而驰，孩子不仅失去了耐心，还失去了对家长的尊重。妈妈在苗苗心中的形象就是因为她的"不知变通"而大打折扣，她越是命令苗苗去做什么，苗苗就越是觉得妈妈的选择是不完善的，远没有自己的规划好，渐渐地就会忽视妈妈所说的一切。

所以，为了更好地加强亲子之间的深入交流，让培养孩子的耐心成为孩子自主自愿的事情，家长要学会尊重孩子的个性发展。虽然家长拥有教育子女的权利是毋庸置疑的，但权利不等同于等级，监护不等同于控制。孩子是活生生的独立个体，他并不是爸爸妈妈的附属物，他在不同于父母的社会环境中长大，具有不同的思维方式和行为规律，家长眼中一件事可能只有一个固定的解决方法，而孩子有自己的想法，甚至能想出更多的解决方法。

孩子的意见绝对是他逐渐成长的表现和标志，听到孩子有了自己的主见，家长的第一反应该是高兴和欣慰：孩子终于长大了，有自己明辨是非的能力了，而不应该是感觉到被侵犯和不耐烦，觉得：孩子现在长大了，不听话了，什么事都要和我对着干了。其实家长不能以偏概全地因为孩子一次错误的选择就觉得孩子的所有选择都是不可取的，虽然孩子的言行经常会有些调皮淘气，或者走了弯路，只要不是太出格的想法，孩子的行为也不影响人格发展，涉及不到道德问题，即使家长看不惯、有意见，也不要事事干涉、专断专权，应该对孩子本身、对孩子的想法都予以尊重、理解和鼓励。

26

吃饭坐不住，不是玩玩具就是看动画

情景再现

　　因为爸爸的乳名是阿福，所以儿子自然就继承下来，叫小阿福，可是爷俩的体型却是完全不同，阿福是强壮的阿福，小阿福是瘦弱的小阿福。爸爸觉得儿子这么瘦弱一定是因为不好好吃饭、挑食偏食的缘故，所以在小阿福的饮食方面，爸爸极为重视，有时候甚至不惜让他吃炸鸡汉堡这些高热量食品来增肥。

　　这天爸爸带着小阿福去饭店吃饭，菜已经上齐了，爸爸说道："把你这份全都吃完。"

　　"这么多啊，我哪吃得掉啊？"小阿福看见满满的一碗卤肉饭犯着愁。

　　"像你这么大的孩子，谁还吃不掉这一碗饭？我小时候你这个年纪，一口气吃两碗米饭还觉得不饱呢。"爸爸说道。

　　"好吧，好吧。"小阿福说着，却半天都不愿意拿起筷子，反而从衣服口袋里拿出一个小玩具，摆弄了起来。

　　"赶紧吃啊，一会儿都凉了。"爸爸敲了敲他的头。

　　"好吧。"小阿福拿起筷子，吃了几口最上面的卤肉，一边嚼着一边看着门外川流不息的人群，小屁股不停地挪动，嘴里的肉都吃完了，却还没有去夹下一口。

　　"快吃啊，别东张西望的，把西蓝花吃了啊，不许给我扔出来，不均衡营养，你怎么长胖？"爸爸特意用手指了指小阿福碗里的两块

第四章 没耐心坐不住，父母怎么办

西蓝花。

"好吧。"小阿福不情愿地把一块西蓝花放在嘴里，然后说："我去上厕所。"

"去吧。"爸爸说。

小阿福没一会儿就回来了，继续吃饭，吃了几口米饭之后，他又夹起了剩下的那块西蓝花，说道："我还得去一趟厕所。"

"你是尿频吗？吃个饭这么不老实，一趟趟的。"爸爸颇有微词。

等小阿福回来之后，爸爸突然想明白了，原来是这样！他不禁严肃地说："和我说实话，你是不是以上厕所为借口，去把西蓝花吐掉了？"

"不是啊。"小阿福极力否认。

"你少骗人了，为什么每次一吃到西蓝花的时候，你就要去厕所，你觉得我会认为这是巧合？"爸爸说。

"你想多了，我真的是刚才水喝多了，总想去厕所嘛。"小阿福说道。

"那把我碗里的西蓝花给你，你当着我的面咽下去，我就相信你。"爸爸说道。

"好吧。"小阿福为了给自己圆谎，只好强忍着把西蓝花吃了进去。

"现在给我好好坐着吃饭，不许再走来走去、东张西望的了！"爸爸命令道。

孩子的心里话

我最讨厌西蓝花了，感觉自己像是在嚼一棵树一样，我也最讨厌茴香了，感觉是在吃草一样，为什么那些蔬菜都如此奇怪呢？不能吃自己喜欢的食物，还要被强迫吃不爱吃的食物，我愿意坐在这里才怪呢。

91

家长应该怎么办

孩子吃饭的时候坐不住、磨蹭拖延主要是因为以下几点：

1. 想看动画片

大多数家庭开始吃饭的时候，电视里的动画片也开始播放了，这对孩子来说是种难以抵挡的诱惑，专心吃饭还是专心看电视，在他的心中，电视自然比吃饭重要，电视不抓紧时间看，一会儿就播放完了，饭凉了，妈妈还会再去热。所以孩子往往在餐椅上表现得坐立不安，吃上一口饭就往客厅里跑，几次三番地都叫不回来。

2. 想玩玩具

孩子可能刚买回了一个新玩具，急于探索开发，对其特别着迷，就连吃饭时都不愿意放手，爱不释手的时候，便很难专心吃饭。儿童的个性就是这样，所有新奇、多变的事物都会像磁铁一样吸引他们，把注意力不断地转移走，注意力一走，也就不能坚持坐在原处了。

3. 想跑来跑去

孩子在学校里被学生守则"束缚"了一天，一放学就如同开闸放水了一般，撒欢打闹，好不自在，十个不情愿地被家长领回家里去吃饭，心里仍然还留存着那股活泼劲儿，有时离开饭桌，只是无目的地晃悠，就算什么也不玩，他也不能老老实实地坐在那里，就是要跑来跑去地动起来。

4. 偏食挑食

孩子对于食物的敏感程度有时很让大人费解，明明都是胡萝卜，炒胡萝卜片就不爱吃，总想着跑走，胡萝卜馅儿的包子却能一口气吃上五六个，因为他们对食物颜色、粗细、形状、大小和质地都会有不同的偏好，产生不同的反应。很多孩子不爱吃蔬菜的原因是他们喜欢暖色系，不喜欢绿色这样的冷色系。遇见自己不爱吃的东西，就像是同极相斥一样，孩子当然急不可待地想要离开了。小阿福就是如此，卤肉饭刚端上来时，他看见了格外刺眼的从来就不爱吃的西蓝花，食欲顿减，用玩具和行人来转移自己的注意力，被爸爸提醒要吃西蓝花的时候，他只好耍点小心眼，找机会去吐掉。

怎样才能让孩子耐心地吃饭，坐得住
1.家长要为孩子创造安静的就餐环境

最好能在固定地点用餐，餐厅的环境很单一，除了吃饭必须的东西之外，很少会有其他的干扰因素，孩子不被其他事物所吸引，也就能够形成条件反射，把身处餐厅和专心吃饭联系起来了。如果家里没有专用的餐厅，家长至少也应该在孩子吃饭期间收走他的玩具，让他摸不着也看不到。有的家长喜欢边看电视边吃饭，孩子也就会养成同样的习惯，但他年纪尚小，很难做到成人那样的一心二用，也就无法专心吃饭了。所以家长要以身作则，把电视关掉，孩子就能将注意力集中在饭菜上。而且注意不要在孩子吃饭之时和他说太多的话，不要不断地催促孩子快吃，这无形中会给他带来压力，影响进餐速度，导致用餐时间过长。还可以给孩子限制一个合理的时间，比如40分钟，如果孩子按时吃完饭，就能获得一段游戏或看动画片的时间，让孩子继续完成饭前未尽兴的内容；如果孩子没有按时吃完饭，时间一到家长要果断地收拾饭菜，并且暂时剥夺孩子的游戏时间，孩子就会为了不失去玩游戏和看动画片的机会而耐心地坐在那里吃饭了。

2.每次少给孩子盛饭菜

如果因为饭菜太多，导致孩子每次都是最后一个吃完饭，或者总是剩下那么几口、死活也吃不下了，这种感受对孩子而言绝对是负面的，要是再次看到饭菜太多了，就会担忧自己无法全部吃光，所以就通过磨磨蹭蹭来逃避。如果家长每次给孩子少盛点儿，能够让孩子获得"我今天第一个吃完"这样的成功体验，孩子反而能安心吃饭了。

3.家长千万别去喂孩子吃饭

即使孩子因为贪玩而随便吃几口就说饱了，也不要追着一口口地喂他，孩子跑到哪里，家长一手饭碗一手勺子地跟到哪里。而且饭前半小时不要给孩子提供零食，哪怕是一块饼干、一块糖也不行，以免产生饱腹感，影响正餐的食欲。如果孩子没有吃完饭，也不要提供零食充饥，必须要让他忍受着自己选择的饥饿，等到下一顿正餐时才能吃东西，如此几次之后，孩子自然就会抓紧时间吃饭了。

4.家长要尝试变换多种方式给孩子做东西吃，在孩子的喜好下均衡营养

食物替代法，既让孩子拥有愉快的就餐心情，又能在挑食偏食习惯的情况下，让各种营养都不缺乏，然后再来慢慢纠正偏食习惯。另外，家长应避免含铅食物，因为铅中毒会损伤孩子的大脑，有可能加重孩子的多动症状，应限制孩子吃可能受铅污染的食物和含铅量高的食物，如皮蛋、爆米花等。同时，帮孩子寻找一个好榜样也是一个很有效的方法，通过好榜样的力量影响孩子远离挑食偏食，比如大力水手爱吃菠菜，可以借此引导孩子不再排斥吃蔬菜。

27

真不错，嘉奖孩子做事过程的每点进步

情景再现

喵喵看DVD光盘学习英语，不能老老实实地坐在沙发上，不是坐立不安，就是揪自己衣服上的毛球，或者在茶几上搭积木，一会儿又跑到鱼缸那里喂鱼，一刻也静不下来，眼睛无法连续盯着电视看五分钟以上。

"你不好好坐在沙发上，眼睛东瞅瞅西望望的，不看电视，怎么能知道现在讲的是什么？怎么能学到知识？"妈妈提醒道。

"我不看也能知道。"喵喵随口答道。

"胡说什么呢？"妈妈说。

"您有这个能力,我也有啊,不用看着电视,也知道里面在讲什么单词。"喵喵自信地说。

曾几何时,喵喵对妈妈说:"快看,窗户外面有一架飞机飞过去了!"

"哦,是啊,好大的一架飞机。"妈妈低着头说。

"您不看,怎么能看到呢?"喵喵问妈妈。

"我看着呢,我看着呢。"妈妈敷衍道,眼睛一动不动地盯着自己的手机,继续玩着。

"您都没有抬头。"喵喵质疑道。

"我不抬头也能看到。"妈妈继续敷衍孩子。

像这样的情况已经发生过无数次了,如今这句话却被孩子回敬给了自己。

"那你告诉我,刚才都讲了什么单词了?那个故事说的是什么?"妈妈就势问道。

"嗯,这个,我再看一遍吧。"说着,喵喵拿着遥控器按了"上一曲"。

"我就说你没专心看电视吧,现在又得重新看一遍,多浪费时间,把心给我静下来,坐在沙发上不许动!"妈妈说道。

孩子的心里话

我就算是坐在沙发上一动也不动地看着电视,您也不可能知道我到底有没有学进去啊,只关心我有没有好好坐在这里看,不关心我到底学到了什么、学会了没有。完全没有动力坚持下去呢,简直像是被强迫着学习一样。

家长应该怎么办

当孩子能够凭借自己的耐心,顺利地完成一件与自己的能力相符的事情时,无论最后的结果是否符合家长的预想,是否尽善尽美,家长都应以鼓励为主、指教为辅,毕竟对孩子而言这是一种自己独立获得的成功体验，就像是自己创造的事物一样，不愿意听见别人的挑刺。家长的这种嘉奖和鼓励不仅要出现在事情的结尾处，还应该贯穿出现在孩子做事过程的每个进步中，这样积少成多，最终必将换来孩子凭借信心和耐心有效地完成任务。

表扬孩子不是单纯地说出"你真好""你真棒"就算大功告成了，家长要注意讲究技巧。想要让孩子觉得等待并不漫长，也不痛苦，就要学会什么时候用什么方法拿出一个鼓励的眼神、一个亲切的爱抚、一个有趣的游戏、即将得到的神秘小礼物来嘉奖孩子，让他理解自己的耐心等待之后是愿望的实现和对自我的肯定，孩子也就会坚定信心和耐心去等待了。

表扬孩子的时候，不能泛泛而谈，应该是越具体越好。

有针对性的、具体的表扬会让孩子更容易理解什么样是好的行为，哪些事情不能做，哪些事情可以做，今后应该怎么去做，便于他找准以后的努力方向。想要学会用具体的描述来表扬孩子，家长首先要了解孩子做事情的整个过程，亲眼见证孩子的良苦用心和付出的努力，才更有发言权和谈资。开始的时候很多家长难以适应如此啰唆的表扬，完全不知道除了"你很棒""你真乖""真不错"之外还有什么话可以用来表达自己对孩子的赞扬，所以不妨在孩子每次取得进步的时候，详详细细把自己的所见所闻描述出来，就像是写记叙文、记日记一样，平铺直叙的话语很简单，而且还能帮助孩子回顾那些自己做对了的言行。

另外，表扬还要侧重于嘉奖孩子的每一次努力所带来的进步。就像长江后浪推前浪一般，为孩子鼓劲加油，将他一步步地推向成功的终点，这是一个可以叠加效果的表扬方法。

喵喵妈妈想让孩子能专心学习英语，就应该学会在孩子每学习完一个单词时，对孩子的学习成果加以关注。喵喵每学会了一个单词，妈妈就应该加以赞扬和鼓励，说一说"这个单词有点难度，不过你居然记住了，记忆力不错啊"，喵喵再接再厉地学会了下一个单词，妈妈再说一说"你的发音很纯正，看来你有在认真听哦"，如此一来，孩子的自主学习意愿就会得以调动，其他事情也就不能唤起她的关注了。

如果家长没有亲眼见到孩子的努力过程,也不至于在表扬孩子的时候无话可说,家长完全可以用提问的方式让孩子自己说出努力的过程,既是对家长的汇报,也是对自己的回顾。家长在孩子讲述的间歇可以不失时机地加以适当的点评和表扬,同样可以让孩子的耐心得到鼓励,并且愿意持续下去。

28

交谈坐不住,话还没说完人就没影了

情景再现

形形这次期中考试的成绩不是很理想,她知道,回家之后肯定少不了妈妈的一顿批评。

"你怎么考的啊?前面这几道题简直是白给分的,你居然能做错?"妈妈的言行和形形预想的一样。

"我……"形形刚要开口。

"我什么我?我还没说完呢,你别插嘴,你看看,这道解答题,条件给得多清楚啊,你怎么能把8看成是9?"妈妈继续说。

"这个,当时……"形形刚要解释。

"当时什么当时,现在说当时有什么用?你这回能看错,下回考试没准还会看错,我看你就是不认真,没把考试当回事,自以为聪明,自信过头了。"妈妈说个不停。

"我才没有自信过头呢,这都是……"形形总想插话进来,为自己说点好话,可是妈妈一直也不给她机会辩解。

"你还不够自信?当初是谁夸下海口,说要拿满分的?结果你带回来的是什么?你们考试85分是满分?当初考试时怎么就不知道好好答题，怎么就不想想不应该丢分的题丢了分？我会轻饶你吗？"妈妈几乎是一口气说完的。

"您爱怎么说就怎么说吧。"彤彤已经放弃了和妈妈交流，一心想着逃离这种"审判"。

"你看看，你这是什么态度，能这么和大人说话吗？'少小不努力，老大徒伤悲'，懂不懂？我现在教育你，是为了你好，你将来还会感谢我的。"妈妈说道。

"好了，好了，我知道错了，下回一定注意。"彤彤放下这几句话就跑回了自己的卧室，把门反锁起来，"吃饭的时候也不用叫我了，我不饿，我要好好学习了！"

"我话还没说完，你怎么就走了？期末考试都结束了，你还学什么啊？"妈妈仍然不依不饶地想要继续说教。

孩子的心里话

我要是和您一起吃饭，您又得再说我一次，连吃饭都不能清静了。一直都是妈妈在说话，我一点都不能表达自己的意见，她从来都不关心我想的是什么，我干吗要耐心地听她说话？妈妈是一个口才很好，但是耳聋的"绑匪"，我却是一个听力很好，但是被封住了嘴巴的"人质"，被妈妈抓住，一顿折磨啊。

家长应该怎么办

孩子为什么不喜欢听家长的话？虽然有时候家长的话是正确的，明明是金玉良言，但孩子却弃之如敝履，仍然急于逃离，不愿接受，听不进去。面对自己的话还没说完时就早已跑没影儿了的孩子，家长是不是应该想想，是孩子没耐心听，还是问题出在家长的身上，这些话放到别人身上，别人也不愿意听？家长与孩子的关系，家长是主导方，如果教育对话有了阻碍，大多数情况也是因为家长错误的说话方式。以下家长这几种说话方式往往是让孩子跑走的原因，看看您是哪种吧。

第四章 没耐心坐不住，父母怎么办

唠叨型

家长将某个道理絮絮叨叨地说个没完，孩子明明在一开始就已经觉悟了，晓得了自己以后应该怎么做，可是孩子的"我知道"却被家长认为是敷衍之词，于是越发地加上了一条数落的内容。有的家长会这么认为：不能把孩子当一个成人，简明扼要地给他指出缺点所在，他是不会改的，若有了这份觉悟，一说就改，他还叫什么孩子，不多说几次，孩子能长记性吗？其实这些家长之所以一教育起孩子就唠叨个不停，停也停不下来，完全是因为他们内心深处缺乏安全感，希望通过语言来控制生活中的一切，不断向孩子证明自己的权威和存在。这种唠叨从心理学上讲是一种负面的重复刺激，会在听者的大脑皮层上产生保护性抑制，孩子会产生不被信任、不受尊重的反感，家长说得越多，他越听不进去，甚至还会冲撞家长，企图一声断喝结束这种折磨，拯救自己的耳朵。

迁移型

家长在生活和工作中难免会出现一些不顺利，迫于各种原因将它们压抑起来，回到家后，又看见不懂事的孩子的所作所为，火山终于找到了爆发的出口，孩子成了出气筒，家长于是做出了过分挑剔孩子或是过度惩罚孩子的举动。甚至个别家长与孩子长时间待在一起，就会生出一种莫名的烦躁，怎么也看不顺眼的时候，孩子就成了让自己诸事不顺的元凶。在他们不高兴或者是心情焦躁时，不管孩子当前的事做得对不对、好不好，都会不分青红皂白地把怒气迁移到自己孩子的身上，大声斥责。无辜的孩子被骂得摸不找方向，亲子关系也变得紧张了。

提审型

有的家长事事小心谨慎，刚发现一些不好的苗头迹象，便大惊小怪地对着孩子问这问那，把自己的主观臆断说得活灵活现，把可能性说成现实性，一副预言家的姿态。有时候孩子做错了一道题，家长就惊呼："啊，你这么做下去，后面的题也会做错的。你说，是不是你上课没有认真听课？上回成绩考得不错，是不是你作弊了？"孩子听到这样的话，便会因为家长的言过其实和妄加推测而觉得自己的能力和尊严被无情地侵犯，从而更加不愿意回答家长的问题了。

揭丑型

孩子犯了错，有些家长不分场合不分地点，随着自己的性子，马上就要发泄出来。孩子正在和家里的亲戚一起吃饭，家长却毫无顾忌地当着亲友的面数落孩子的过错，丝毫不在乎孩子的感受。原本孩子已经认识到了错误，希望能够得到家长的谅解和宽恕，可是家长现在这种广而告之的行为，让他非常没有面子，孩子即使知道是自己的错，也会顾及形象地反抗几句："我没有错，不是我的错，您冤枉我。"甚至产生破罐子破摔的思想，而走向家长所不希望看到的那条路上去。孩子刚刚放学，家长就当着同班同学的面说自己的孩子："你看谁谁谁，比你学习好多了，从来不让父母操心，再看看你，怎么就这么没出息，一回家就玩，一考试就蒙。"拿别人孩子的强项和自己孩子的弱项比，他的同学也许会得出"他学习不好，他妈妈都不喜欢他，没人喜欢他"的结论，这样会摧毁和打击孩子的信心和前进的动力，也让他在班级里得不到同学的重视。

代沟型

孩子在成长的路上不断吸收新的语汇、产生新的兴趣、参与新的话题，而家长却觉得完全参与不进来，就像一个说着普通话、一个说着粤语一样，对孩子谈话的兴奋点感觉很茫然，能做到一知半解就算不错了。交流的障碍让孩子觉得家长的话题索然无味，于是对家长的话不屑一顾，家长也觉得孩子所言都是些没用的话，仍然每天絮絮叨叨，导致家长和孩子之间无话可谈。一个男孩对妈妈说："我想买个手指滑板，那个可好玩了。"家长却说："什么是手指滑板？"孩子就会立刻对家长的无知感到失望；一个女孩对奶奶说："巴拉拉能量—呼尼拉—魔仙变身！"奶奶的反应却是："你说啥外语呢？"孩子难免会翻一翻白眼，心里暗自嘲笑一下从来不看电视的老土的奶奶。这些孩子宁可与同学朋友聊得火热，也不愿对自己的家长解释一下什么是手指滑板、什么是巴拉拉小魔仙。

如何让家长说的话，孩子愿意听、能安安稳稳地听到最后呢？绝不是简单地有话直接说就可以的，掌握正确的合乎儿童心理的沟通技巧非常重要。

家长在准备教育孩子的时候要让自己的态度显得真诚、坦率，力求创造一种和谐的氛围，亲子之间的谈话应该建立在融洽关系的基础上。这样的氛围和关系中的孩子的心情才会轻松舒畅，他的心气顺了，面对家长的说教也能够客观地看待这件事，能理得清自己的对错，如果孩子的心情本来就是一团乱麻，正找不到头绪呢，家长再来把这团乱麻揉搓几下，孩子的心情会变得更糟。

讲话的时候，家长的语气要温柔平缓，少一些责备抱怨，多一些随和建议，比如使用"那么，你说说自己的看法""我很想听听你的想法""你是怎么觉得的呢？"这样一来孩子有了发言的机会，也感受到家长包容的态度，更愿意说出自己的心事。家长的语调也不能过于单一，要学会不失时机地出现一些高低起伏、抑扬顿挫的变化，吸引孩子的注意力。

在和孩子说话的同时，家长的眼睛要注视着孩子的脸，关注着他的表情和反应，让孩子觉得自己正在被重视，这是能照顾到他的感受的谈话，而不是家长的单方面讲话。

而且家长使用句子的时候，最好多用一些简单短小的句子，尽量不要将一句话连珠炮似的一口气说完，如果孩子有没听清或者不理解的地方，家长要重复自己所说的话，直到孩子了解为止，孩子弄懂这一句，消化好了，家长再接着说下一句。

29

动嘴不动手，打孩子只会起到反作用

情景再现

涵涵和图图是一对双胞胎姐弟，这天爸爸妈妈带着他们俩去景区旅游，一家人坐在了大巴车上。可是内向的涵涵坐了一会儿就觉得无聊，想要离开自己的座位，去大巴的最前面看看路前的风景，她一声不吭地站了起来，犹豫着怎么走过去。妈妈见状，说道："好好坐着，站起来干什么？"

可涵涵却像没听见一样，开始挪动步伐，要往前走了。见到其他乘客异样的目光，妈妈一把拉住了她，把涵涵使劲儿地按在座位上。涵涵挣扎了几下，说道："我想去前面看看……"

"看什么看，耐心给我坐着，还没到地方呢，乱动什么，别人都看着你呢，没教养，再乱动，我可就揍你了啊，上回揍你那次，还不够你长记性的？"妈妈威胁道。

涵涵清晰地记得自己上回乱翻妈妈的东西，打碎了妈妈买来的进口化妆品，被妈妈二话不说暴揍一顿的情景，不禁心有余悸。她只好默不作声地坐在座位上，低着头，微微有些发抖，连窗户边的风景都不愿意抬头去看了。

就在妈妈管教姐姐的空当，平时一贯外向的图图趁着爸爸已经睡着了、没有发觉，早就离开了座位，在车厢里跑来跑去，手中挥舞着一瓶饮料，说着："妈妈你看，我在车里跑的话，我的速度是不是比汽车还要快了？"

"快给我站住,乱跑什么,撞到人怎么办,看我不收拾你!"妈妈呵斥道。

"你要打我吗?来打啊,你追不到我的,看我的超音速!"图图一点也不惧怕。

妈妈内心的怒气终于冲破了忍耐的底线,走过去拉住图图的胳膊,一巴掌朝他的脸上挥了过去,只见图图却面不改色地说:"这感觉真好,你打得真舒服。"

不知所措的妈妈,只好再一次下手,揪着图图的耳朵,把他拎了回来,图图面带微笑地说:"一点都不疼,比按摩还舒服。"

孩子的心里话

涵涵:妈妈打人很痛的,说打就打,都不会听我们的解释,还是不要惹她的好,不能去看风景就不看吧,我不想挨揍。

图图:坏妈妈,哼,你怎么打我,我都不会服气的,有本事你就一直打,反正你打我,你的手也疼,我也没有完全吃亏,我是男孩,我才没有涵涵那么软弱呢,将来我长大了,你怎么打我的,我都给你打回来。

家长应该怎么办

因为孩子的缺乏耐心,家长的耐心也在这种状况下被一点点地消耗了,有时控制不住发发脾气也是难免的,如果只是偶尔说话的时候声色俱厉,也不算什么大事。但是这里的发发脾气绝不能演变成辱骂和责打,发脾气往往是对事不对人,一般不会对孩子造成大的伤害,而打骂则是完完全全针对孩子的人身伤害了。打骂教育是中国传统专制家庭制度的残余,这种教育方法不可取!但是个别家长认为打骂孩子的出发点是为孩子好的,是为了纠正孩子的不良行为,这种教育方法使用在亲子的上下级关系上理所应当,在事态严重的时候也无可厚非,自己的孩子有什么打不得的?为什么他会有这样的想法呢?为什么少数家长教育孩子的方法如此单一,只有一个"打"字?

父母打骂孩子的原因

1.传统教养观念的影响

中国的俗话常说"不打不成器""棍棒底下出孝子",这种传统教养观念认为儿童是无知、莽撞、无序的,成人则是博学、谨慎、守则的,家长对孩子的教育等同于管束,必要的时候就得来点硬的,家长为上为尊,孩子为下为卑,并没有尊重孩子、和孩子平等相处的概念,这些传统的教养观念对现代社会的家长们仍然有着潜移默化的影响。虽然这些家长也受过良好的教育、拥有高学历,在口头上也提倡"尊重"和"平等",可一旦遇到了孩子做得不对、让自己不满意的事情,他们就会立刻抛开那些喊起来响亮的"平等"和听起来温馨的"尊重",而只留下居高临下的控制心理,打骂孩子也就成了家常便饭。尤其是那些学习了现代的科学教育方法,但是应用不善、收效甚微的家长,往往会转而把希望寄托于传统而强硬的教育方法——打骂。

2.缺乏自我情绪管理能力

孩子一件事做得不称家长的心,一句话说得不如家长的意,就立刻施加打骂行为的家长,真正的原因是他们的潜意识里总是积聚着莫名的恨意,这也是心智不成熟的表现。他们不善于控制和合理宣泄自己在其他方面产生的负面情绪,就很容易被孩子的错误行为和未完成家长的期望的表现一点就着,把怨气发泄到孩子的身上。

3.熟悉的成长经历

当一些家长觉得自己管教无方,不能让孩子按照自己的方式来行事的时候,就会下意识地去向自己的父母"求教",也就是从自己小时候的成长记忆里提取父母是怎么教育自己的,再把这种方法应用到孩子的身上,用最熟悉的方式管教孩子。如果家长小时候就经常被父母打骂,根本不知道正常生活是怎样的,往往在他们自己有孩子时,也会自然而然地沿袭上一辈的教育方式,继续采用打骂的方式教育孩子。有时候甚至把当年自己在父母那里受的苦、受的气都宣泄在孩子的身上。在几代人的亲子关系里,我们经常会发现某种形式的重复总是惊人的相似,爸爸从小就是被爷爷打着长大的，儿子现在也是在爸爸的打骂下成长。这些家长也曾想过父母的教育方式是不对的，所以不能这么对待自己的孩子，他们想要推翻父母的那套教育模式，但修补父母刻在自己童年里的缺陷则实属不易，有时候不经意间他们就变成了父母的影子，让孩子重复着自己的童年。

打骂教育的危害

1.孩子受伤害

打骂教育给孩子带来的伤害不仅是心灵上的，也是身体上的。这些家长一味地自说自话、制定规则，从来不曾考虑过孩子的需要和感受，孩子倘若有半点差错或是异议，就免不了一顿皮肉之苦。这样的情况发生的次数越多，孩子也就越感受不到亲子之情和父母之爱，长期处于不安和焦虑之中，影响智力发展，也影响性格形成。而且还有可能酿成家庭悲剧，毁了孩子的一生，一个巴掌扇得孩子失聪，一顿打骂让孩子走向自杀的例子屡见不鲜。

2.孩子变暴力

家长为了顾及自己的面子，很少顾及孩子的尊严，殊不知孩子对家长的教训也有一个心理承受的度，家长的打骂不在孩子的承受之内，孩子的下一步作为也就不在家长的控制之中了。孩子因为得不到应有的爱和支持，心里投下的阴影在一次次打骂中逐渐扩大加深，天长日久就从中孕育出了冷漠、孤僻、仇视、攻击等心理问题，以至于根深蒂固地形成了"你有错，我就打你"的观念，学会了用暴力的方法解决问题。孩子和家长的关系变成了以暴制暴，对着干，进而对所有的批评都刀枪不入，严重的还会与家长产生永久性的隔阂；到家庭以外，他又以同样的方式对待其他孩子，在独立面对自己和别人的冲突时，第一反应就是"打他！"这会成为日后不良行为甚至犯罪的思想根源。就像是栽下罂粟不会结出樱桃一样，家长的坏榜样只会让孩子发挥得更"好"。图图对妈妈的打骂的反应是一种冷暴力，他用嬉皮笑脸掩饰身体的痛楚，试图用"你伤害不了我"来让妈妈觉得自己没有获得胜利，"你打得真好"简直就是拍在妈妈脸上的一句反话，换言之就是"你这样做是不对的，我瞧不起你"，当孩子对家长的打骂无所畏惧的时候，仇恨的种子早已悄悄埋下了。

3.孩子爱说谎

表面上打骂可以取得立竿见影的效果，但这种让孩子暂时克服自己不正确欲望和控制不正确行为的教育方法无法手到病除，总是治标不治本的。打骂本身并没为孩子指明什么样的行为是正确的，什么样的行为是错误的，不能从根本上解决问题，反而平生枝节，让孩子因为惧怕被打而养成了说谎的坏习惯，变成了两面三刀、阳奉阴违的人。

4.孩子变懦弱

家长的动辄打骂是在污辱孩子的人格、扼杀孩子的个性，容易让孩子的自尊心受挫，以至于丧失自信，变成了逆来顺受、畏首畏尾的人。为了不被打骂，家长说什么就是什么，让去哪就去哪，让做什么就做什么，孩子成了毫无主见的墙头草，势必在以后独立生活的时候举步维艰。涵涵就是在妈妈的强权之下，不再说出自己的想法，不再敢越雷池一步。

如果家长动不动就认为孩子"错了"，就要施加打骂，和孩子"谈谈"规矩，其本质是家长在回避思考自己的过错。因为有时候孩子的所作所为没有对错之分，不涉及道德领域，他做错了只是因为思想的不成熟和能力的达不到，如果家长觉得孩子个性执拗、屡教不改，那往往可能是由于家长所提出的要求不切实际或者是在用错误的方法对待他，孩子心有余力不足或者不愿意遵照家长的错误指示一错再错。

父母应该怎样取代打骂的教育方式

家长教育孩子的正确做法应该是"亲有过，谏使更，怡吾色，柔吾声"，也就是说家人做错了事情，应该用提意见的方式指出来，让他改过，控制自己的情绪、和颜悦色地谈话，控制自己的语调、温柔亲切地批评。

1.吸收教育知识，多多了解孩子

社会在不断地变化，孩子的成长环境在顺应时代的发展，家长的教养方式自然也要顺应时代的发展、跟上孩子的脚步了，家长应该跳出自己几十年前的成长经验，主动去吸收教育领域的新看法、新理论，及时调整自己那些过时而且失效的教育观念。家长在工作之外，一定要多从自己的空闲时间里安排出和孩子相处的时间，多去了解孩子，并且与和孩子相关的其他人加深沟通，分析他在学校和家庭中的表现，全面地掌握孩子的品性和喜好。了解多一点，误解就会少一点，真正值得去生气、去打孩子的事情也就少一点了。

2.真正放下身段，耐心倾听孩子

有些家长习惯用以上对下的态度来对待孩子，为了保持自己的威严，始终放不下身段，即使是自己言有过、行有失，也不愿意承认错误，不愿意发自内心地尊重孩子。家长应该先把自己放在一个"人无完人"的世界里，轻看自己一些，慢慢地从国王女王的宝座上走下来，尝试着用耐心、和蔼、平等、尊重代替焦躁、暴戾、高高在上，试着先不要开口就斥责孩子，而是将自己摆放在一个倾听者的位置上，去问问孩子为什么要这么做，有了分析材料，才能对孩子的错误做出及时而得当的处理。当家长能真正理解孩子的所想所见，也就能真正把重点放在帮助孩子解决问题上，而不是放在发泄自己的不满上，对孩子加以谅解的同时，心中的那些负面情绪也一同被释放了，放下了心中扬起的手，也就能随之放下手中的那些恶魔般的力量了。

3.同孩子做协商，让孩子去体验

家长不要再用命令的口吻和孩子说话，应该替换以相互协商的语气，家长和孩子一开始各执己见，只要能各退一步，也许就会达成共识。如果孩子执迷不悟，家长也可以让孩子体验一下"自食恶果"的滋味，让他去撞撞南墙，就会深刻地领悟到家长的教导既正确又重要，他的心思也就能回到正途上来了，孩子自己的切身体验远胜过家长打骂教育的"生拉硬拽"。

4.盛怒时不管教孩子

家长如果让自己的心态处于极度愤怒的状况下，随后做出的种种举动多数都是不理智的,不理智的管教倒不如不管教,凡事过犹不及就是这个道理。所以,当家长无法控制自己的愤怒之时,最好暂时离开诱使自己生气的人、物、事,去做别的事情转移注意力,等平静下来以后,再和孩子去谈谈刚才发生的事情。

30

不再压制,将好动转化为家庭贡献

情景再现

"你怎么就是坐不住呢?"佳佳妈妈冲她吼道。

"嘿嘿,我就是来看看你在干什么呢?"佳佳一脸好奇地说。

"我干什么用不着你操心,我除了在厨房做饭还能干什么啊,写你的作业去!"妈妈把佳佳推了出去。

可没一会儿,佳佳又推开了厨房的门,想看看妈妈今晚做的是什么菜。

"呀,你要做番茄炒蛋啊,我来帮你搅鸡蛋吧?"佳佳说道。

"都说了不用你操心,不安心写作业,总惦记着厨房的事情做什么?你是不是多动症啊你。"妈妈又把她推了出去。

"写作业真的好无聊,写得手酸了,所以想出来活动活动啊。"佳佳揉着自己的手腕,装出一副很辛苦的样子。

"你才写了几分钟,你就手酸?"妈妈说道。

"那好吧,我回去接着写作业了,你有需要帮忙的事情,一定要叫我啊。"佳佳临走时不忘记给自己争取再次出来的机会。

"吃饭的时候会叫你的,不用你帮忙,我自己应付得来,只是一顿晚饭,又不是做满汉全席。"妈妈把厨房的门关上了。

佳佳回到房间，看见平铺在书桌上的作业本，一点也不想去碰，伸伸懒腰、扭扭脖子、跺跺脚、搓搓脸，就是不肯动笔。等到妈妈做好晚饭，喊她出来吃饭的时候，她的作业还有一大半没有完成呢。

"我刚才说什么了来着，让你好好写作业，别动来动去的，你一趟趟地往厨房跑，把时间都浪费了，到现在都没写完作业，我是该说你两句就算了呢，还是让你把作业写完了再吃饭？"妈妈批评道。

"我吃完饭就会去写的。"佳佳说道。可是等吃完了饭，佳佳仍然不安心写作业，跑过来问："用不用我帮你刷碗啊？"

"不用！你怎么又来了？看见我手里的锅铲没，你要是再敢跑过来一趟，我就……"妈妈做了一个打的姿势。

佳佳往后一缩："知道啦。"

孩子的心里话

写作业真是无聊透顶啊，妈妈也真是的，怎么什么事情都不用我帮忙啊，随便让我做点什么也好啊，看来我在这个家里能做的事情只有学习再学习，家里的其他事情都和我无关，我是来家里上班的吗？唯一的工作内容就是学习？怎么一点存在感都没有呢。

家长应该怎么办

很多家长觉得孩子的好动性格不利于他做事和学习，做事的时候，动来动去，事情无法达到预期效果，学习的时候，动来动去，老师讲的内容听不进去，老师留的作业也不能按时完成，"好动"简直就是失败和成绩差的罪魁祸首。但凡因为孩子不能安稳耐心地从事一件事或者静止不动、不去影响别人，家长就会把孩子的错误归结在好动上。一听到别人评价"你家孩子真好动啊"，家长便会觉得这是一句负面的评价，生怕自己的孩子变成好动的孩子。

其实，当好动已经成为既定存在的事实时，家长再怎么抗拒、怎么抵触、怎么反感，也是于事无补的，不正确的认知和不适宜的处理方法，只会强化孩子的好动行为，或者把孩子推向另一个极端——一动不动，对什么事都反应迟钝，执行能力差。家长应该把经常挂在嘴边的"不许动""别动了""老实点"这些命令性的句子暂时搁置，然后仔细想想如何将孩子好动的性格充实起来，利用他那源源不绝的精力，给他安排"工作"内容，让原本添乱的不合时宜的好动变得更具规范、更有条理、更于别人有用、更于自己有益。

如何引导孩子的无意义的好动变成有贡献的好动呢？

拿佳佳的事情举例子来说，佳佳妈妈完全可以在佳佳第一次无法安心做作业、往厨房跑的时候，给精力旺盛的佳佳派发一些任务，比如把昨天的剩菜倒了、去楼下倒垃圾，洗菜择菜，安排一些佳佳力所能及又感兴趣的活儿，在劳动的过程中，通过体力的消耗来卸掉佳佳心中的焦躁和多余的力气。不要觉得帮助家长做家务会影响学习，与其一次次地放下学习、关心其他事情，倒不如把其他事情做完了，在饭后安心学习，这样学习效果会更好。一直被干扰的学习过程是不连贯的，不连贯就会造成粗心犯错，因为她的心思没有投入到学习中来，有可能佳佳在饭前的学习时间里，不仅没有写完作业，而且就连写完了的内容都不是百分百正确的。反倒是合理安排工作给佳佳，让她无目的的好动获得实体的工作内容，这样既可以帮妈妈分担一些家务活、为家里的事出一份力，也可以帮助佳佳在家庭中找到自己存在的价值。慢慢地，当她不能静下心来坚持一件事情时，就会把自己的好动应用到有意义的事情上来，把原本会荒废掉的时间用在有帮助的事情上，当她能把每件有意义、有帮助的事情都耐心地完成的时候，好动也就不再是单纯的好动，而是有计划、有目的的行为了。

第五章
没耐心爱走神，父母怎么办

有些孩子的缺乏耐心经常表现在注意力涣散上，做事情的时候，刚开始还很专注，不一会儿就开始眼睛盯着别处发呆了，思想神游、行动迟缓。家长过问一下进度，孩子才恍然发现自己在不知不觉中虚度了很多的时间，家长再追问一下："那你都想些什么了？"孩子也支支吾吾地说不出所以。不仅是上课的时候无法专心听讲，老师讲了什么，完全没有印象，就连平时做事，也会发生这样的情况，走神之后，一问三不知。面对这样看似"安静"，却无法把精力集中在正事上的孩子，家长应该作何对策呢？

31

上课东张西望，帮孩子克服走神的毛病

情景再现

可可是一个爱漂亮的女孩，书包里总是装着一个小镜子，时不时就拿出来照一照。这天语文课上，老师讲的是古诗，可可一点都不感兴趣，于是在"认真"听老师讲了几句之后，便偷偷地拿出了小镜子，将其握在手中，放在老师视线不及的书桌下面，低着头自顾自地欣赏着。

"哎，我这颗掉了的牙什么时候能长出来啊，现在好难看啊，这几天都不敢开口笑了。"

"我的刘海好像不整齐，左边比右边短一些，等我回家让妈妈帮我修得整齐一点。"

"我的眉毛怎么是一条高、一条低呢？"

"我是嘟嘟嘴比较可爱呢，还是眯眼笑比较可爱呢？"

"上回春游的集体照把我拍得难看死了，正好我要打喷嚏的时候拍下来的，真郁闷。"

"咦，王耀伟好像在吃零食。"可可把镜子微微地转了一个方向，发现镜子中出现的一个同学正在小心翼翼地往自己嘴里送东西，把零食放进嘴里之后，还摸摸鼻子，假装是鼻子痒痒。

"哈哈，小美都快要睡着了，脑袋一点一点的，口水都快流出来了，看来大家都和我一样对语文课没兴趣啊。"

"啊，老师！"可可的镜子里突然出现了老师的身影，只见老师早已不知不觉地站在了她的旁边，不过似乎并没有发现她的小动作。

"那下面请聂然可同学说一下诗人在这首诗中所要表达的情感是什么吧！"老师提问道。

可可使劲地将小镜子攥在手里，生怕露出边边角角，被老师发现。她万般无奈地站起来，说道："嗯，诗人想表达的是，嗯……"可可环顾四周，希望能有同学暗示一下。她看到一个同学做出了"思乡"的口型，所以接着答道："想表达的是思乡之情。"

"就这些？"老师问道。

"啊。"可可急着想坐下了。

"那你说说这首诗的作者是哪个朝代的。"老师隐约看出来可可并没有专心听课。

"唐朝。"可可胡乱答道，反正唐朝人写的诗最多了。

"唐朝？"老师发出了质疑。

"那，宋朝？"可可说。

"我还是问问你，这首诗的作者是谁吧。"老师哭笑不得。

"是，是……"可可根本没有听老师讲课，现在脑袋里一片空白，急得用眼睛去偷瞄课本，这才发现课本打开的页面根本不是现在老师讲的课文。

"好了，你坐下吧，以后听课的时候专心一点，学不到知识，是你自己的损失。"老师不想耽误课堂时间，就此"放过"了可可。

孩子的心里话

都怪我光顾着照镜子了，后来还去看其他同学在做什么，老师讲的什么，我一点都没听到啊，完全处于走神的状态中。这么倒霉，偏偏提问我，害得我丢人，唉。

❓ 家长应该怎么办

上课走神的类型

上课走神直接影响到的是学习效果，并且很快会在学习成绩中看到它的负面影响。不仅孩子很烦恼，弄不清自己为什么就不能耐心地听课，很多家长也都非常担忧，毕竟孩子在学校的学习状态，只能从孩子和老师的口中得知，即使孩子没有好好听课，家长也无法立即出现，提醒他要聚精会神地听课，尽管孩子在家的时候，家长可以耳提面命，可是孩子一旦去了学校，家长的法力就触之不及了。如何能帮助孩子克服爱走神的毛病呢？首先，先要了解孩子属于哪种上课走神的类型。

1. 发呆型

这类孩子上课时看似安安静静，没有小动作，所以也很少引起老师的注意。但实际上他们的心思并不在学习上，上课时往往目光呆滞，眼睛盯着某件物体，大脑却已经"睡着了"，对别人叫自己的名字、老师的提问都毫无察觉。

2. 敏感型

眼尖耳灵是这类孩子的突出特点，但正是因为视觉和听觉太过敏感，所以在上课时也十分容易分心，周围突然出现的一束光、一个声响，别人的一个动作、一个表情、一句悄悄话，都能对他们构成干扰，好奇心驱使着孩子不断东张西望。他们唯一不看的人就是老师，唯一不看的物品就是黑板，唯一听不见的声音就是老师所讲的内容。

3. 好动型

精力似乎总是很旺盛，小动作过多，翻翻书、转转铅笔、挠挠头、摸摸脸、捏捏鼻子、来回拉衣服的拉链、时不时去口袋里掏掏"莫须有"的物品、拍拍同学、拿同学的东西玩……甚至有时候大动作也会出现在课堂上，这都是好动型孩子的最明显特征。这类孩子是老师眼中的"纪律破坏者"，不仅自己不安心学习，而且还经常影响其他同学的学习。

上课走神的原因

1.这个我早就会了，聪明孩子的自负心理

很多孩子之所以不听课，走神去做其他事情，是因为他们认为老师讲的内容太简单，自己一听就懂了，或者老师讲课的节奏太慢，自己已经学会了，听不听都无所谓。出于这种原因不耐心听课的孩子的智力确实比一般孩子要高，或是他们在其他地方已经学会了这些知识。课堂内容学有余力，多余的时间用来做什么？孩子自己也不知道，走神也就成了必然。

2.反正学也学不会，索性就不听了

一些孩子因为部分基础知识掌握得不牢，在接触新知识的时候便会力不从心，上课总是跟不上老师的节奏。于是恶性循环，他们渐渐对课堂内容失去兴趣和信心，面对课本和作业就开始头疼，总想做点别的事情，任由自己走神。

3.不喜欢的课就不听，我有我的兴趣

一些孩子偏科现象较为严重，总是凭借兴趣所在来选择性地听课，不喜欢的课就用其他事情来打发时间，再加上老师讲课的内容和方式不够生动，孩子的注意力更是无法放到听课上面来。可可就是这种情况。

4.生病或者睡眠不足

生病和睡眠不足也会导致精神状况较差，注意力不够集中，以至于出现走神状态。有时候只是感觉到一点点疲乏，想要闭上眼休息一下，结果就在老师的"催眠"之下完全地睡着了。

家长如何帮助孩子克服上课走神现象

1.事先做好准备，训练听课技巧

上课走神的最直接原因是对老师所讲的内容不感兴趣、缺乏耐心。想要克服这个毛病，最先要着手的就是让孩子养成课前预习的习惯，大体了解老师讲课的主要内容和重难点，于平乏之中找到自己的兴趣点，以此影响自己明天的听课态度；然后是训练孩子的听课技巧，不能埋着头听课，眼睛要看着黑板和老师，老师讲重点时，集中注意力，老师稍微停顿时，孩子也可以适度放松，如果遇到不理解的地方，恰好给了自己一个带着问题听课的机会，有助于激发听课兴趣。

2.给自己专心听课的自我暗示

自我暗示也是一种非常有效的方法，不妨让孩子在小卡片上写着"专心听讲""别走神""嘿，看老师！"等提示自己专心听课的短句，字体大一些、颜色鲜艳点，把它放在显眼的位置，如文具盒上、课本下方的书桌上，以及自己平常走神时经常关注的地方。孩子还可以时不时地在心里默默地对自己说"认真听课""别东张西望"等自我暗示的提醒，有助于注意力的集中。

3.想象一下自己正在考试

当参加重要的考试或竞赛时，就算是平时上课时非常爱走神的孩子都会打起十二分的精神来面对。因此，家长可以让孩子在听课的时候想象一下自己是在考场之中，而老师正在公布正确答案，自己每注意听讲一次，就会答对一道题，获得分数，注意力自然就集中了。

4.记好课堂笔记

课堂上认真听课才是核心，笔记只是保持注意力的辅助手段。记笔记应该只记重点、要点，精练再精练。善于从老师所讲的一大堆内容里发现关键词，才证明了孩子是真的在专心听课，有了听课效果。

5.积极配合老师的互动

老师上课时向所有人提问："这道题该选什么啊？"然后大家就一起答道："A！"孩子也应该跟着喊，积极配合老师，跟着喊一喊，能够快速找回孩子的注意力，也有助于加强对题目正确答案的印象。越是闷头听课，越容易产生倦怠感，走神也就随之而来了。

6.记录下自己何时走神、走神的内容

给孩子准备一个小本子，专门用来记录走神的内容。比如，今天语文课中都想了哪些和课堂无关的内容,多记录几次之后,孩子就会发现,自己那时候胡思乱想的东西完全是没有意义的,反而浪费了时间,漏学了很多知识,给自己现在的学习增加了负担。

32

越学越枯燥,帮他发现每个阶段新东西

情景再现

晨晨学习绘画已经三年了,至今仍停滞在水彩画上,很多次她对妈妈说:"我想学油画。"可妈妈的回答却是:"现在还不行,你还太小了,油画颜色弄在身上洗不掉的,你这么毛毛躁躁,要是学油画,交的学费都不够我给你来来回回买新衣服的。"

"那我就学学素描吧,铅笔总不会弄脏衣服吧。"晨晨说道。

"素描也太早了,而且颜色那么单调,参加比赛,也不容易获奖的。"妈妈如是说。

"什么都是你有道理。"晨晨翻了翻白眼,继续整理她的画笔和水彩颜料。

没过多久,绘画班的老师就联系晨晨妈妈,向她反映晨晨最近一段时间的学习情况:上课的时候经常走神,不注意听讲,老师留课堂作业的时候,也经常完不成,其他同学都画好了,她的却还剩一大半,把时间都用在了发呆上。

晨晨妈妈一听到老师这样说,心里的火气立刻就上来了,放学之后,第一时间声色俱厉地批评起来:"你怎么搞的?是不是觉得你的水彩画已经学得很好了,上课居然不专心听讲!老师都来告状了,幸亏老师有心,不是那种只管收学费,不管孩子学习不学习的老

师，要不然，我还根本不知道你浪费着我给你交的学费，用来发呆走神呢！"

"我也不是故意的，真的是都会了，老师教的东西基本还是去年的那些，就是换了换临摹的画而已，上课时实在无聊啊，已经学会的东西，再让我去学，真的好枯燥。"晨晨大吐苦水。

"别人家的孩子怎么就能好好学习，偏偏就你觉得枯燥？"妈妈说，"我看啊，还是你的学习态度有问题！"

不管妈妈怎么说，晨晨还是无动于衷，丝毫不能打动她那颗已经厌倦了水彩画的心。

孩子的心里话

真的是不想再学水彩画了，我又不是不喜欢画画，只是学过的东西没必要一直学一直学啊，我需要多接触点新鲜的东西，天天让你只吃一种菜，你也会觉得难以下咽的。

家长应该怎么办

在孩子的学习方面，有能力做和有能力保持做下去，是有很大区别的。有能力关乎的是智商和技能，有能力保持做下去需要的则是坚韧的意志力和耐心了。枯燥和乏味往往不请自来，原本是自己可以轻松完成的事情，也会因为无聊而时断时续，甚至最终放弃，做出与自己的能力不相称的事情来。想要孩子能有耐心地完成一件事，能抵御住随时出现的枯燥感，就必须在每个阶段找到值得关注的新东西、通过不断地激发兴趣点来维持耐心的持久性。

不断发现的新东西能产生持续不断的吸引力，使兴趣持久稳定地发展，使学习效能人人提高。兴趣的发展分为三个阶段：有趣（好奇心）、乐趣（求知欲）、志趣（中心兴趣）。

有趣的感受往往来自好奇心的驱使，是兴趣发展的第一阶段。从未接触过的新事物是好奇心的来源，想要让孩子面对学习时感受到的不只是枯燥，就必须随时在孩子准备放弃的时候为学习内容注入新鲜血液，使其富有能充分调动孩子好奇心的趣味性，引起孩子的关注，暂时稳定住他的耐心。

但这种初级的兴趣也是随生随灭的，持续时间都比较短暂，需要在家长的引导下让孩子从有趣中感受到乐趣的所在。乐趣是兴趣发展的第二阶段，它和求知欲是接踵而至的。快乐的情感体验越多，对于知识的渴求也就越强烈。求知欲是人们积极探求新知识的一种欲望、一种动力，它的强烈与否，直接影响着学习效果，在大脑充斥着乐趣和求知欲的时候，所谓的枯燥乏味也就不复存在了。

有趣和乐趣都是随机产生的，在多个领域吸引着孩子的关注，如果控制不好，很容易变成沉迷，反倒与学习的目的南辕北辙。这时候就应该不失时机地帮助孩子将这两样升级为"志趣"，志趣是兴趣发展的高级阶段，具有明确的目的性和积极自觉的执行力，能够使孩子全身心地投入到学习活动中去，耐心地在实现自己职业设想的道路上实打实地走好每一步。

想要让孩子静下心来学习，家长就应该同时教会孩子如何发现每一个学习阶段的新内容和新乐趣。

1.创造一个可以满足孩子好奇心的环境

孩子的日常生活环境中，到处蕴含着可供探索的资源，每件微小的事物都可能引发孩子的好奇心。家长不要给孩子规定一条特定的路线，只让孩子低头走路，不让他去观看沿途的风景，扼杀住孩子的好奇心，无异于往孩子的心里填满枯燥。晨晨妈妈就是这样，约束孩子去探索其他绘画形式，以至于晨晨对于现阶段的学习内容失去了耐心。家长要依据孩子的兴趣提供各种各样的材料和工具，在一个开放而安全的环境中放手让孩子去探索。

2.及时帮助与正确引导孩子的兴趣点

孩子的兴趣往往会因为缺乏认识、缺乏对待困难与挫折的能力而频繁更换，就是俗话说的"三分钟热度"。即使他能从学习中发现新东西，产生兴趣,可一旦不得要领、遇到困难,兴趣就会急转直下,很难持久,转而对另一事物产生兴趣,一再地重复"有趣—乐趣—放弃"的循环,不能进化到志趣的深度,自然就时常受干扰走神、事事都半途而废了。家长的及时帮助与正确引导在这个时候是必须的,应该在孩子的学习之外适当地增加一些新鲜有益的学习内容,既可以帮助孩子远离枯燥,又可以使孩子的注意力不至于被其他没有价值的东西吸引,这样才能让孩子全神贯注地持续学习。

3.避免孩子身心的过度疲劳

孩子越学越枯燥的一个重要原因就是每天都重复一样的学习模式,导致身心的过度疲劳,表面看似"不耐心",实则是身体原因。孩子已经很疲倦了,家长仍旧强迫孩子一再地坚持,就会让孩子轻则走神,重则逆反。当家长发现孩子学习了很长时间之后,开始打哈欠、低头、反应缓慢的时候,应该让孩子得到足够的休息,再继续学习。

33

心不在焉,典型的"一问三不知"

情景再现

乐乐放学回来,妈妈就拉住他问:"乐乐啊,你们下星期是不是要开运动会啊?"

"啊。"乐乐答道。

"那你都报什么项目了?"妈妈继续问。

"什么也没报。"乐乐悻悻地说。

"为什么啊?你的体育成绩不是还可以吗,别放弃机会啊。"妈妈说。

"没兴趣。"乐乐惜字如金地说。

"那你们班体育委员报什么项目了？"妈妈问。

"不知道。"乐乐说。

"班长有没有报项目啊？"妈妈追问。

"不知道。"乐乐打开电视机，看起动画片来。

"运动会具体是哪天？几点？你们班坐在什么位置啊？"妈妈接着问。

"不知道。"乐乐就像是复读机一样。

"你到底有没有听我说话啊？我跟你说话的时候，看着我，别看电视。"妈妈大声说，试图让心不在焉的儿子注意到自己。

"反正你又不会去看运动会，关心这些干什么？你要是想知道，就去问老师呗。"乐乐已经不耐烦了。

"你这孩子，别人和你说话的时候，你怎么一点耐心都没有呢？除了不知道还会说什么？"妈妈也不开心了。

乐乐此处无声胜有声地冲妈妈撇了一个"别烦我"的眼神。

孩子的心里话

人家正在看电视呢，才不关心你都问了些什么，听也没听清，听清了也懒得想、懒得说。哼，说什么"我跟你说话的时候，看着我，别看电视"。我还想说："我看电视的时候，你别和我说话呢。"

家长应该怎么办

学习中的"一问三不知"

面对家长和老师的提问，一些孩子使用最频繁的语句就是"不知道"，并且伴随着一副心不在焉的表情，好像完全没有听见问题是什么。这是为什么呢？很大的原因是因为孩子在上课时注意力涣散，没有学到知识,而孩子本身的思考持久力相对比较短,还没深入回忆,耐心就已经耗尽,自然没有答案可以给老师或家长了。孩子此时的大脑就像是一桶水,被家长或老师提出的问题就是一勺油,油在水面上浮着,不论怎么搅动,都不会和水溶合在一起,大脑不愿意接纳这些问题,更不愿意去思考答案,把思考问题的耐心搁置在身后,用一句"不知道"作为答案,明显省时又省力。这种对待学习的习惯一经形成,就很难改变了,慢慢地,"不知道"三个字将用以思考的耐心越推越远,孩子便也失去了思考的能力。而且现在很多家长都会陪着孩子一起学习,孩子哪里不懂,点一下家长,就会得到答案。长此以往,孩子学会了依赖,必然直接导致缺少细致钻研的耐心,不愿意主动去思考问题。家长问他在学校学了什么,他说不出来,发呆半天,沉默不语,即使愿意去思考,其深度也不够,问他这道题该怎么做,他也说不出个所以然。再多问几句,孩子就立刻不耐烦起来,学习成绩也难以在家长的"帮助"下提高。

其实有三个行之有效的办法可以改变这种状态,那就是教会孩子听课、问询要有技巧和难题训练。

1.家庭预习不可少,带着问题去听课

帮助孩子预习,切勿走进全面讲授的误区,讲授新课是老师的工作,家长不要"代劳"。家庭预习的目的是让孩子大致了解明天要学的内容,使其明确听课目标、带着问题去主动地、有针对性地听课。孩子真正听懂了老师所讲的内容,再回答老师和家长的问题时,就不会不知所谓、反应急躁了。

2.家长问询学习内容的技巧

当家长问孩子"今天老师教了什么""今天你学了什么"时,孩子往往只是这样回答:"几个生字""几道题",家长细问,孩子就以"忘记了""不知道"作答了,家长的问询内容过于笼统,孩子一时找不到线索,也不知道如何组织语言,有种大海捞针的烦躁感。面对这样的情况,家长应该培养孩子持有一种倾诉的欲望,每天主动在家长发问之前就叙述出来今天都学到了什么、哪些有趣的知识让自己记忆犹新,先从孩子印象最深刻的说起，然后家长再耐心引导孩子接着回忆：这几个字和昨天学的字相像吗？什么地方老师重点讲了？这几道题有体现在今天的作业里吗？等等。从一门课开始，逐渐训练孩子的听课记忆和语言表达能力，让孩子觉得是自己在控制情况，不畏惧家长的提问。

3.给孩子设定一些难题

有时候孩子草草回答，不是因为不知道，而是因为怕麻烦不愿意去思考、去回忆，家长可以适当给孩子设定一些难题，训练他遇到问题时不是逃避而是迎难而上的正确反应。孩子最后有没有解答出来不重要，重要的是他能不能静下心来分析与思考问题。但凡能心无杂念地思考5分钟甚至10分钟以上，就起到了消除孩子"怕麻烦"心理的作用。孩子会在后继学习中，更积极地应对遇到的难题和别人的提问。

34

做作业做事，虎头蛇尾半途而废

情景再现

皮皮写作业的时候，总是要妈妈在一旁作陪，一旦妈妈有其他事情走开了，他就会停下笔，开始走神，大脑就像是断了线的风筝，不知道在想些什么。妈妈忙完了回来一看，走的时候皮皮写到哪道题了，现在仍然还是那道题。

"你怎么不接着写啊？"妈妈问道。

"我不知道该怎么写。"皮皮说。

"有什么不知道的，不是和上一道题的题型一样吗？上一道会做，这道题就不会做？"妈妈表示难以理解。

"上一道有你陪着我啊，你一走，我就不会做了。"皮皮说。

第五章 没耐心爱走神，父母怎么办

"我从来没听过这样的事情，我看就是你自己犯懒而已。"妈妈说，"我要出去一下，你赶紧写啊，我回来之前一定要写完。"

"好吧。"皮皮略有为难地说。

可妈妈走后，皮皮并没有好好写作业，而是迟迟不肯落笔，似乎不知道该如何解答，就这样眼睛直直地看着作业本，盯着那一串数字和符号发呆，后来竟然迷迷糊糊地睡着了。等一脸不满意的妈妈拍醒他的时候，皮皮才发现大事不好。

"你怎么回事啊？这作业刚开始写得不是挺顺利的吗？怎么我一走，你就半途而废了？"妈妈责备地说。

"这个，我有点困了，所以就睡着了。"皮皮解释说。

"你怎么就不能一口气写完了，再去睡，你看吧，现在都快到睡觉时间了，结果你的作业还没写完，是不是得不偿失？"妈妈用手点了点作业本。

皮皮望着写了一半的作业，愁得直挠头。

孩子的心里话

怎么会这样呢？妈妈不在身边，就一点写作业的动力都没有了，看到作业本就一点继续写下去的耐心都没有。本来是想好好审审题、速战速决的，结果不知不觉就视线模糊、精神恍惚了，最后竟然睡着了，害得我又被妈妈说。

家长应该怎么办

家长经常会在日常生活中，发现孩子做事半途而废的情况，刚开始还一脸认真、立志要圆满完成的事情，最后却成了不了了之、没有下文。孩子写作业也经常是虎头蛇尾，刚开始的字迹还很工整、计算也都准确，可是越到后来，字迹越潦草、错题频现，无法善始善终。

孩子轻易放弃的原因

为什么孩子做事情总是轻易开始又轻易放弃，无法付之以耐心和毅力呢？主要原因有这几种：

1.家长的坏榜样作用

家长生活中、工作上的言行、习惯，都可能成为孩子模仿的对象。有些家长在做家务的时候，经常干了一会儿就喊累，索性不干了，明天再说；有些家长在家工作的时候，经常感到枯燥疲乏，尽管是第二天必须上交的材料，也可能对自己说："真烦人，这个工作糟透了，赶紧马马虎虎写个结尾就行了，反正也没有人细看的。"孩子看到了这些，会作何反应呢？也许下回做妈妈交代的家务时，也会来一句："明天再接着做吧。"写作业的时候，也会对自己说："作业真难写，就算我用心计算，可能也做不对，要不然就乱写一通交上去得了。"家长对自己的要求不严格，对孩子的要求也不严格，这会影响到孩子的做事习惯，对人对事都抱着一种无所谓的态度。

2.孩子的意志力比较差

他们的发育水平决定了其注意力无法长时间集中在一件事上，加上家长经常包办代替，导致孩子不愿动脑筋，刚开始做事的时候三分钟热情，一遇到困难就立刻转移了注意力，发呆发愣，打退堂鼓。皮皮就是这样，缺少了妈妈的帮助和陪伴，就只有发呆走神陪伴着他的学习过程了。

3.家长和老师对孩子的期望太高

那些不切实际的目标是孩子的实际能力所无法达到的，被迫消极地逃避放弃，经常表现出自信心不足的倾向，甚至产生严重的自卑感。

4.身体疲惫

如果强求孩子在自己的体力之外坚持某种活动，也容易让孩子因为厌倦和疲惫而无法善始善终。

应该如何让孩子能够做事有始有终、坚持不懈

1.家长应了解孩子做事半途而废的原因，调整任务难度

交给孩子的任务应该适合孩子的实际水平，"力所不能及"地被迫做事，孩子会不开心，家长也收不到预期的效果。尤其是连续几件这样难

度较大的事情都压在孩子身上时,他的自信心必然大受打击,不愿意去想解决方法,不愿意去坚持到底。家长必须掌握好事情的难度和时间要求,根据孩子上一次类似的半途而废的教训来调整自己的期望值,不能想当然地以为孩子能够做到、愿意做到,做出强求强迫孩子的事情来。先给孩子安排一些不大费力就能完成的任务,让孩子知道自己有能力完整地做好一件事情,有了自信,他就能学会控制、约束自己的行为,和注意力涣散对抗了。但如果这件事孩子有能力做好,却因为主观原因不愿意去做,家长不能轻率迁就,要先分析孩子的情绪问题,再适当地鼓励、引导、监督孩子,给他一些鞭策,促使其有始有终地完成。

2.家长要起到模范带头作用

家长想让孩子成为一个有耐心的人,首先自己就应该是一个可供学习的有耐心的榜样,说一套做一套的家长是难以让孩子在接受批评时心服口服的。家长平时为人处世,一定要说到做到,有始有终,不能随着性子开始、随着性子结束,要在家庭中起到模范带头作用。家长还可以经常把自己能善始善终的事迹讲述给孩子,让他体会到坚持不懈才能取得最终胜利的道理。

3.给孩子营造一个良好的氛围

孩子的注意力是非常容易受到外界和自身情绪的干扰的。不管是做事还是学习,家长都应该尽量为孩子创设一个安静单一的环境,为了让孩子能够注意力集中,不频频走神,家长这时候最好不要在他的附近看电视或者高声说话,甚至经常过去和孩子谈论与他现在做的事情无关的话题,你的随心之举会直接导致孩子的心思随你而动,学习时总惦记着电视里播放的是什么而魂不守舍、猜测家长谈论的是什么趣事而二心二意、回顾家长刚才和自己闲聊的内容而停下手头的事情,最终致使正事被草草了事。

4.帮助孩子制订好计划

很多孩子做事喜欢纵容自己半途而废,是因为他的意志力较弱,遇到困难就投降,加上竞争意识不强,对自己的要求不高,总是觉得"我不行,无所谓了",一次次地就此放弃而不觉得是自己的损失。对于这样的孩子,家长可以在孩子决定做某件事之前,就去有意识地激励他的意志力和竞争意识,与孩子沟通,了解孩子的态度,与孩子协商,一起确定可行性目标和制订出合理的计划。没耐心爱走神的孩子经常是因为原先设定的目标过于庞大,真正着手实现的时候,找不到头绪,于是完全沉没在缺乏对策的无力感之中。家长可以教会孩子把大目标分解成一些小目标,一定时间内完成无论如何都可以完成的任务量,丝毫不让走神有空子可钻。

5.采取适当举措,干预半途而废的苗头

很多家长都是这样,给孩子安排完任务之后,就自得其乐去了,等着过一会儿收获孩子的成果,可最后得到的却是孩子的半途而废,自己的两手空空、失望之极。在孩子开始有走神的苗头之时,家长没有及时采取干预举措,任由孩子随心所欲,又怎么会看得到孩子的善始善终呢?所以在安排好孩子开始一个任务后,家长要留心观察孩子做事的进程,被外界干扰吸引、遇到困难、觉得枯燥,这些耐心尽失的前兆都会很显眼地出现,家长要在关键时刻给予督促、指导、鼓励,把孩子的思绪带回到正事上来。有外界干扰,家长就去排除它,遇到困难,家长就去给点提示,觉得枯燥,家长就去调动兴趣,让孩子享受做事情的快乐,成功的体验可以维持自信心的稳定性,让孩子对这件事情保持长久的注意力。家长要用这些积极的手段去干预,而不是唠唠叨叨地批评孩子,因为本来孩子只是无意识的走神,被讽刺挖苦之后,就会演变成故意的逆反了。

35

不提醒就忘,一提醒就说你"唠叨"

情景再现

琪琪吃饭磨磨蹭蹭已经成为习惯,她永远都是家里最后一个吃完饭的人,经常爸爸妈妈都要睡觉去了,琪琪却跑去厨房里找吃的,一个劲儿地喊饿。

"谁让你吃饭时不好好吃饭,吃吃玩玩,吃几口就发呆几分钟,总是剩饭呢?现在知道了吧,不好好吃饭,到睡觉的时候,你就饿了,你就饿着睡吧,让你长长记性。"妈妈说道。尽管妈妈也这样狠心了几次,可是琪琪的坏习惯仍然不见改观,体重增长也很缓慢,比同龄的孩子瘦小不少。

"快点吃饭啊,你看你都瘦成照片了。"妈妈心疼地说,提醒正在走神的琪琪继续吃饭。

"不专心吃饭,一会儿饭菜都凉了,吃起来多难吃啊。"妈妈设身处地地说。

"你看你,菜都没夹住,夹菜的时候眼睛倒是看着菜啊,看着我干什么,多浪费。"

"你这口饭都嚼了5分钟了,至于那么难以下咽吗?赶紧夹菜接着吃啊。"

"你能不能吃快一点啊,你看你爸早就吃完了,你不是还有作业没写完呢吗,自己怎么就不想着抓紧点时间呢?"

"别愣神了,快点吃饭!怎么总得我提醒一句,你吃一口呢,你吃的是饭菜,还是我的话啊?"

"快点吃,你看看都几点了,磨磨蹭蹭的,气死人了。"

"好啦,好啦,我就快吃完了,你烦不烦啊,一直唠唠叨叨的。"琪琪终于忍无可忍了。

"谁叫你吃饭这么磨磨蹭蹭的?我这急脾气,看见了就不能不说,不吐不快。"妈妈说道。

"烦死了,吃个饭都不消停。"琪琪把碗筷一放,妈妈看了下时钟,琪琪的这碗饭吃了快2个小时,碗里余下的几颗米粒都已经又硬又凉了。

孩子的心里话

妈妈一定是更年期了,40岁不到,居然就像个更年期的妇女一样,唠叨个不停，什么事都要管一管，别人的妈妈就像是姐妹一样，我的妈妈却像是奶奶。还怪我吃饭慢，不能一口气吃完，你要是做得好吃，我当然能痛痛快快地吃了，妈妈做的菜，就算是热乎的，都难以下咽。

家长应该怎么办

爱唠叨的危害

重复和效果的关系实际上是倒U形曲线，没完没了的重复行为只会适得其反、收效甚微。虽然做事学习缺乏耐心的孩子，家长给予适当的提醒是有必要的，可如果提醒变了性质，不加控制地成为无休止的唠叨，甚至忽略孩子的感受、将其演变成单方面的指责，对孩子来说，就成了一种伤害，是不尊重和不认同他的表现，而非帮助了。

家长的唠叨不仅难以督促孩子要自立自强，反而还会助长孩子的依赖心理。在家长对孩子做的每一件事指手画脚，一次次地提醒之后，孩子形成了这样的认识："反正我要是走神了，爸爸妈妈会在一边提醒我，所以我没必要自己控制自己不要走神、要专心。"就像是小时候经常被抱着的孩子，让他自己下来走路的时候，他就会质疑："为什么要自己走路，妈妈可以一直抱着我的啊。"这种想法根深蒂固之后，一旦事情出现了差错，孩子就会把责任推到家长身上，觉得是家长"办事"不利，提醒不到。那些长期被唠叨"溺爱"着的孩子，责任心和独立性都是非常欠缺的，想要培养他们的耐心也具有难度。

家长的叨唠对于敏感的孩子来说，句句听在心里都会造成伤害。"没出息""不懂事""没记性""没耐心""笨死了""智商低"这类有失尊重孩子的唠叨很容易引起其内心的反感，渐渐地演变成反抗，什么事都和家长对着来，越是禁止的事情，他越是要明目张胆地做，身上的坏习惯有增无减。

家长如何改掉爱唠叨的习惯

1.学会宣泄自己的负面情绪

唠叨是一种宣泄情感的方式，如果家长在这种宣泄方式里含有太多的攻击性词语和负面情绪，那么就应该换一种方式来宣泄了，不要让孩子成为被放大了过错的出气筒。书写是另一种宣泄情绪的方式，家长可以先把心里那些话写出来，再念出来，心情得到平静之后再将文字处理掉，就像是一切都没有发生过。或者找一个无人的地方，把心里的不满和牢骚都说出来，对着树说、对着石头说，反正家长教育孩子的时候，也不希望听到孩子顶嘴，这些树和石头可以百分之百安静地接受家长的"教育"，不会有半点微词。

2.用心倾听胜过不停唠叨

宽容、宽松、宽厚，学会这三招，才是有资格教育孩子的家长。家长不仅要敏感地观察孩子的言行和举止，还要学会适时"住口"，变唠叨为倾听，以尊重和平等的态度来理解孩子的难处和想法，给孩子解释自己行为的机会。家长如果不是面面俱到地唠叨，而只对孩子提出原则性的建议，孩子才会信任和认同家长的意见。

3.适当提醒，要质量不要数量

唠叨就像是抗生素一样，刚开始的时候很有威慑力，能够立即见效，可是数量多了、时间久了、同样的话频繁出现，孩子就会产生"抗药性"，内心会不由自主地开始抗拒。"金玉良言"之所以弥足珍贵，是因为它的材质不可多见，如果都是泥浆土块这种到处都有的东西，谁会加以重视呢？家长在万不得已要提出自己的不满时，应该注意语气和用语，语气平缓一点、声调低一些，用语文明一点、温情一些，让自己的想法清晰而简洁地被孩子理解，用一句话说到孩子的心坎上，用一句箴言点醒孩子的耐心，唤回他神游的心思。

36

别勉为其难，别强迫孩子做不喜欢的事

情景再现

露露虽然是个女孩，长相也很甜美，可是性格大大咧咧的，完全像一个男孩，放学之后，经常穿着裙子就和小区里的男孩们一起翻墙、爬树，全然不顾形象。妈妈对此烦恼不已，为了让她回归女孩的行事作风，妈妈为她报了一个舞蹈班。

可是露露对于妈妈的好意却一点也不感激，反而觉得自己根本没有学舞蹈的天赋。首先是柔韧度不行，你要是说力气大，那和露露还靠点边，要说弯腰劈腿的柔软，露露完全做不来；一贯做事风风火火的她，根本分不清每种动作的细微差别，老师说双手缓慢地水平伸开，她却闪电般地把手臂举起来，掌握不好时间和角度。她经常在大家一起跳舞的时候，成为最不和谐的局外人，动作不是慢半拍就是快半拍，似乎注意力永远不在老师的口令和音乐的节奏里。

这一天，她又开始恍恍惚惚地神游天外了，其他同学做屈腿动作的时候，她还直愣愣地站在那里。

"停！停！停！露露！"老师冲着她喊道。

被老师喊了一嗓子，露露才回过神来，知道自己又"不和谐"了，尴尬地笑了笑。

"把你的心收一收，专心跳，别想那些无关的事情。"老师说。

经常被老师点名批评，露露似乎习以为常了，下课之后，她走到老师面前说："老师，你能不能和我妈妈说一下，说我根本不适合学

跳舞，劝她别让我学了？"

"怎么？你不喜欢跳舞？"老师明知故问。

"是啊，是我妈强迫我学的。"露露一脸无辜。

"所以你上课的时候故意走神？"老师说。

"也不是故意啦，完全没有兴趣的事情，想要专心都难呢。"露露望着老师，希望得到同情。

孩子的心里话

强扭的瓜不甜，妈妈难道不懂这个道理吗？非让我学舞蹈，我一点都不喜欢，何谈耐心地学习呢？这样既浪费我的时间，也浪费自己的钱，老师也因为我生了不少气，多得不偿失。

家长应该怎么办

家长对孩子的期望往往是无限大的，无时无刻不想按照自己的价值观、人生观来设定孩子的成长路线，恨不得把自己年轻时没有学过的、没有得到的东西都尽可能地从孩子的身上补回来，家长的望子成龙和望女成凤在很多时候都演变成了孩子的勉为其难和心不甘情不愿。这些家长忽略了孩子是一个独立个体，已经有了相对独立的自我意识和独立的人格，面对不喜欢做的事情，家长的一再强迫也很难让他回心转意。

家长强迫孩子做事的危害

强迫孩子做事轻则会致使孩子消极对待，走神、发呆、怠工，做事没有结果、学习效果不佳。无论是学习还是其他事情，孩子才是行为的主体，应该受到发自他内心的愿望的驱使，这样才能事半功倍；反之，孩子不感兴趣的事情，家长强迫他去学去做，即使孩子慑于父母的权威，照做了，但这种外力的驱使会和内心的抵抗相互消磨，即使可以让孩子"听话"一阵了，也无法持久地坚持下去，导致最终知识记不住，做事也成效甚微。孩子体会到"勉为其难"的感觉的同时，他的学习兴趣和独创能力都在一点点地被消减。

强迫孩子做事重则会造成孩子的逆反心理，反而得不偿失。家长如果不考虑孩子的意愿，千方百计地说服孩子去做那些他不擅长或是反感的事，只会招致孩子的更加反感，严重地还会造成孩子的逆反心理。

顺其自然，不专制最好

人人都知道"强扭的瓜不甜"，露露知道，为什么妈妈就不知道呢？因为她不愿意承认自己是在强迫孩子，反而觉得自己作为父母的作用必须体现在严格要求孩子上，但凡孩子偏离了轨迹、做了出格的事情，家长必须一马当先地加以干涉，渐渐地，原本口里说着"我这么做都是为了你好"的呵护型家长变成了"我是大人，你就得听我的"专制型家长。

其实家长教育孩子，大可以放下高姿态，别让孩子勉为其难，家长也不要自己给自己上纲上线地增加烦恼，绝不能一意孤行，顺其自然最好。孩子在某一方面是否有明显的天赋，不是由家长的主观决定的，再强迫也强迫不出天赋这种东西来，孩子求知的兴趣需要家长的培养和保护，孩子的人生热情绝不能一次次地被"你必须、你一定要、你非这样不可"所打击。什么是顺其自然？那就是从孩子表现出来的兴趣入手，贴近孩子的生活内容，尊重孩子的选择，利用孩子易于接受的游戏方式去引导他主动学习，让孩子真正成为执行意愿的主人。孩子做着自己感兴趣的事情，执行着自己的意愿，注意力高度集中，耐心也就不会匮乏了。

第五章 没耐心爱走神，父母怎么办

37

持续鼓励，用"为什么呀"引起孩子兴趣

情景再现

萱萱和妈妈一起蒸包子，妈妈想借此机会教会她一些厨房里的知识，将来能够独立做饭炒菜。可是萱萱却一副心不在焉的样子。

"把那个盆递给我。"妈妈说道，可萱萱递过来的却是一个盘子。

"我要的是盆，不是盘子，你怎么听三不听四的呢！"妈妈把盘子又还给萱萱。

"哦，刚才没听清。"萱萱说。

"我看不是没听清，是根本不在状态吧，人在厨房，可是心早就不知道跑哪里去了。"妈妈一语道破。

"你是不是觉得做饭很无聊啊？看来我得换种方法了。"妈妈似有所悟地说，"来，帮我把蒜剥了。"

萱萱接过蒜头，用手使劲儿地挖着上面的皮，皮没下来多少，蒜倒是被挖得没剩下什么了。

"剥蒜也是一件很有技巧的活啊，别以为用手就可以了，你需要借助工具，你看。"妈妈把蒜瓣放在菜板上，把刀平放着，往蒜上一拍，再拿起来，蒜皮一碰就落了，"你知道这是为什么吗？"

萱萱像看着魔术师一样看着妈妈，等待揭晓答案。

"这样拍碎了蒜的同时，也会破坏掉蒜皮和蒜之间的连接，产生了空隙，就很容易剥下来了。"妈妈说，"来，你也试试。"

萱萱照着妈妈的方法做了一遍，果真很有效。

"你看我怎么擀包子皮。"妈妈擀了几个包子皮，将其中一个放在萱萱的手里，"你看看这个包子皮有什么特点，哪里和饺子皮不一样？"

"包子皮是中间厚周围薄。"萱萱眼睛很尖。

"你说得很对，知道为什么要这样吗？"妈妈问。

萱萱摇了摇头："都是一样要把馅儿包在里面的，为什么包子和饺子的皮不一样呢？"

妈妈见萱萱的注意力被拉回了厨房里，趁热打铁地说："因为饺子是要在水里煮的，所以饺子皮的厚度要均匀一些，才能受热均匀，而包子是要蒸的，接触热量最多的地方就是包子皮的中间部位了，所以要厚一点，省得其他部位还没熟的时候，它就先漏了，而且包子的褶都是捏在一起的，包子皮的周围薄一点，才能保证包子褶不是一个面疙瘩啊，这样的包子既好看又好吃。"

听完妈妈的解释，萱萱已经完全从没耐心待在厨房里的走神状态中脱离出来，迫不及待地想要自己动手擀出来一个这样的包子皮了。妈妈见到她的这股积极劲儿，颇为欣慰。

孩子的心里话

刚开始看到妈妈忙这忙那，一点都没发现原来做饭是一件有意思的事情，现在才发现，做饭里面有很多的学问和乐趣，不说了，我现在要自己包包子了呢。

家长应该怎么办

经常听到家长说孩子对待学习没兴趣，经常走神，怎么督促都不见效果。这时候就应该自问一下，是不是我的督促里面有太多的批评，打击了孩子的信心？是不是我让孩子学习的内容太过无聊，所以孩子漫不经心？是不是这门课程确实有难度，孩子应付不来，所以半途而废？家长是孩子心目中第一个有权威的评价者，如果自己的努力得到的是讽刺和挖苦，那对孩子的积极性将是很大的打击；家长不教授孩子处理问题的方法，只追求完美的结果，孩子也一味"坚持"，不知变通，让自己不得要领，无聊和枯燥就会不请自来；期望过高，要求过严，孩子既得不到帮助，也得不到乐趣，自然不会有始有终。家长的行为不当和干涉错误经常误打误撞地摧毁了孩子的兴趣和求知欲。那么，怎样才能让孩子在学习的时候，能像看电视、玩游戏那般地投入呢？

鼓励孩子的学习兴趣

兴趣是人们力求认识某种事物或实践某种活动的倾向，对行为起着向导作用。兴趣就像是孩子喜爱的一位老师一样，孩子愿意看到她，愿意和她交流，愿意解答她提出的问题，愿意全心全意地自主学习。对一件事是否有强烈的兴趣，直接影响着事件的成败与否，兴趣强烈，就会充满热情地主动克服各种困难，兴趣微弱，就会像萱萱那样，漫不经心地听错妈妈的指令。孩子的心理发育是一个循序渐进的过程，兴趣也不是天生就有的，是在家长的教育影响和社会实践中不断发展起来的，家长一定要遵循孩子成长的规律，因材施教、对症下药，用合适的方法激发起孩子学习的兴趣。

人们完成一件事之后，都希望得到别人的肯定和表扬，孩子更是这样，很在意自己在家长眼中的形象。当孩子做得好时，就应该得到表扬，使其能换个眼光看待原本普通的事情，觉得是有趣而且有意义的，成为自己的兴趣所在；即使失败了，家长也要善于发现孩子的闪光点和有创造性的一面，让孩子能够有动力完善自己。热情的鼓励能够让孩子的积极性和求知欲增强，体会到自身的价值，享受到成功的喜悦，持续地保持着兴趣，达到最好的学习状态。

做"不知道"父母

孩子时不时提出的问题恰恰是孩子求知的萌芽，是他兴趣产生伊始的举动，家长处理对了，就会有利于进一步激发孩子的探究心，如果应对失误，就会打击孩子的积极性。那种怕孩子会打破砂锅问到底纠缠不休的家长，往往让他自己去看电视、DVD和书找答案，或者一概敷衍说"不知道"，家长没有耐心解答，孩子也没有耐心自己去想办法弄明白了。

我们提倡的也并不是孩子的任何问题家长都第一时间给出标准答案，完全不知道和全部都知道皆不是好的教育方式，只有"适当的不知道"才能既让孩子觉得自己获得了重视，也能让他有理由去自己探究问题的答案，有着继续学下去的推动力。家长要抓住孩子喜欢尝试的心理，不失时机地给孩子增加有新鲜感的学习内容，扩大孩子的视野，多主动提出几个"你知道是为什么吗？"给孩子一根充满了诱惑的竹竿，鼓励他自己爬上去看看上面有什么神秘之处，这能够有效地激起孩子的学习兴趣。在这一点上，萱萱妈妈就做得很好，取得了良好的效果。

第六章
没耐心急脾气,父母怎么办

"破罐子破摔"是这类孩子的最贴切形容。他们的缺乏耐心集中体现在急躁的脾气上,刚刚着手的时候,一心寻求速成,往往欠缺考虑和计划,但凡碰到不称心、不如意的情况,立马就会做出不安、激动、狂躁的举动来,将这件事置于一旁,又急急忙忙地去做另一件事情。家长让他耐心一些、等一等、坚持一下,他都会报之以反抗的情绪。

对于这类孩子,家长应该如何应对呢?是针尖对麦芒地看谁最强硬?还是苦口婆心地发送"糖衣炮弹"?要是孩子软硬不吃又该怎么办呢?这一章,为您剖析一下孩子为什么脾气急、怎样才能"说"得动他、如何帮助孩子改善坏脾气,等等。

38

脾气急，潜台词是希望父母理解其感受

情景再现

"你不要再说了！我不想听。"萌萌冲爸爸吼着，扭头就往家里跑。

"你都没有钥匙，也进不去屋子里啊。"爸爸在后面追着。

"不要你管！"萌萌气呼呼地说。

这究竟是怎么回事呢？

原来，萌萌和爸爸一起出门为下周过生日的妈妈选购生日礼物，在步行街逛了好久，也决定不下来买首饰呢？还是买衣服呢？还是买点新奇的创意用品？

正在爸爸纠结的时候，萌萌指着橱窗里的一只超大的毛绒玩具泰迪熊说："买这个吧！多可爱啊。"

"你妈妈才不喜欢玩具呢。"爸爸笑了笑说。

"那就给我买吧。"萌萌说。

"这个泰迪熊有一人多高，这么大，一定很贵啊，不过年不过节的，我买它做什么啊。"爸爸完全没有要买的意愿。

"两个月后就是我的生日了，就当是买给我的生日礼物吧，我真的很想要呢！"萌萌恳切地说。

"等你过生日再说吧，现在还是好好想想给你妈买什么。"爸爸没理会，继续往前走。

"等我过生日的时候，这个泰迪熊可能就卖掉了！我现在就要

嘛！"萌萌着急了。

"不买，不买，说什么也不买。"爸爸狠了狠心。

"就要，我就要，我就要买！"萌萌一点也不示弱。

"你这孩子怎么这么不听话呢？说了等你生日的时候再买，你就等不了吗？这么点耐心都没有，怎么能立足社会，你看你妈妈什么时候吵着让我给她买礼物了？"爸爸说道。

"哼，不买，你就是坏爸爸，你只爱妈妈，不爱我！"萌萌说道。

"胡说什么，大街上，你控制下自己的情绪，别让别人看你的笑话！"爸爸用余光扫了一下路人说。

接下来就发生了故事开始的那一幕，萌萌气呼呼地在前面跑，爸爸一步步紧跟地在后面追。

孩子的心里话

你就是坏爸爸！一点都不替我着想，我要是不生气，你就更不在乎我的感受了。

家长应该怎么办

刚上小学的孩子，他的社交面和生活环境逐步扩大，有了自主意识和自尊感的萌芽，渴望自己的想法能得到认同、努力尝试的事情能获得欣赏，可有时往往事与愿违，他把事情搞砸了，这时候就更希望能从最亲近的人那里获得理解和支持，来平衡内心的挫败感。但是有些家长仍旧不顾孩子的感受，在其伤口上撒盐，当孩子的语言无法正确表达出内心的需要时，发脾气就成了他换取关注和理解的惯用手段，使用顶嘴、跺脚、哭嚎、打人甚至毁坏东西等攻击方式来捍卫自己的尊严。

如何和急脾气的孩子相处？

针对这种情况，家长应该明白，孩子发脾气本来就是一种正常的反应，愤怒是一种自然、合理的情感，成人遇事也有不冷静的时候，何况是十来岁的孩子呢？家长不要一看孩子发脾气，自己也控制不住，觉得被触犯了权威，以暴制暴，一声还比一声高，想要立即制止孩子发脾气时的行为，其实这只会适得其反。

家长首先要耐心地理解孩子的感受。因为这正是孩子发脾气的最根本原因。平常要适当增加和孩子在一起的时间，全身心地陪伴他，贴心交流，改善和孩子在一起相处的质量。孩子发脾气的时候，家长可以用关心的口吻这样说："我知道你现在感到很生气，这种感受我是理解的，但是你的要求我现在不能答应你。"让孩子意识到，家长已经看到了他的情绪问题，他没必要再继续发脾气唤起注意了。随后可以采取转移注意力的方法帮孩子平静下来。

然后是找出孩子发脾气的原因。家长要给孩子充分的话语权，改变孩子的弱势地位，不要争着抢着和孩子说"应该怎么样""不应该怎样"，更不要妄自猜测孩子的想法。家长应该平心静气地和孩子交流，给他说话的空间和表达自己看法的余地，让他说出发脾气的真正原因。也许家长刚才只是敷衍地说出自己理解孩子的感受，那么现在正好是真正理解孩子感受的恰当时机。

最后是达成共识，但不要迁就孩子的不合理要求。经过深入沟通之后，一起找到让孩子的情绪回归正常、家长也可以坚持原则的解决方法，同时家长要把这个观点坚定地传达给孩子："乱发脾气只会让事情更糟，在我面前是一种行不通的策略。"慢慢地，从一次次的经验之中，孩子就能了解到自己急躁的脾气在争取自己的利益方面时常于事无补，反而是有话好好说，家长才会听，才能实现双赢。当孩子有耐心去和家长交流的时候，坏脾气自然就烟消云散了。

39

适当鼓励，让孩子感觉自己总在进步

情景再现

丁丁："不写了，不写了，烦死了，这么难的题再放两个月我也不会做啊！"丁丁把铅笔一摔，气呼呼地说。

"摔笔干什么啊？笔芯都摔断了，还怎么写？"妈妈说。

"我都说我不写了，笔芯断了正好。"丁丁不屑一顾地说。

"你自己想写就写，不想写就不写，学校是你开的？老师是你雇的？"妈妈黑着脸说。

"老师出这么难的题目，谁能做出来啊？"丁丁说。

"是老师的题目难，还是你上课没用心听，还是你急急躁躁地不愿意去思考答案？"妈妈说道。

"反正我就是不写了，不是做错了，就是完全不会做，哼。"丁丁跷起二郎腿，抖起腿来。

"把腿给我放下来，坐没坐相，你有什么可急的，又不是考试，你有一晚上的时间呢。"妈妈说。

"一晚上我也想不出来怎么做，你就当我是个笨蛋吧，别让我做了。"丁丁这样说。

"一点耐心都没有，不上进！"妈妈也生气了。

孩子的心里话

反正我的学习成绩也不怎么样，就算是做出来这几道题，我也考不了第一名,有什么用呢,有时候真觉得自己很失败。

❓ 家长应该怎么办

丁丁对于学习呈现出悲观放弃的心态,因为看不到自己在学习上的优点,也获得不了解题的快乐,于是就任由烦躁的情绪占领了内心,认定自己是一个笨孩子。这时候,他需要的是家长责骂"不上进"呢?还是需要一点点鼓励和支持,使其看到自己还是有药可救的?

鼓励是一种艺术

有些家长认为不断表扬孩子的任何成功,容易让他习惯为了获得表扬而做出努力,反而是鼓励了孩子的急功近利心理。其实,鼓励也是一种艺术,它并不完全等同于表扬,其中既有表扬,也有对于改正错误的期望,合理调整两者的比例、适时运用才能避免发生这样的情况。鼓励的核心是帮助孩子认识自我、体验到成就感,用自我肯定来驱动自己的再接再厉,而不是一味地追求别人的表扬。家长要站在孩子的角度,实事求是、发自内心地认同他的看法与见解,这样才能与孩子产生共鸣。

赏识孩子小小的优点

每个孩子都有自身的特点,作为孩子人格的一部分,理应得到家长的重视和尊重。面对孩子的不耐心,家长应该克制自己的感情,寻找孩子人格里的积极因素,经常走神的孩子偶尔也会有"专注"的举动,也许看起来微不足道,但恰恰是这样的微弱闪光才能让孩子在黑夜之中看清前进的道路,"看,天上有光!"家长的因势利导,就像是为孩子指明了这不是一个伸手不见五指的无助长路。在鼓舞中成长的孩子,都拥有着健康积极的心态,不管是人际交往,还是社会生活,他们都能游刃有余地应对一个个难题,从中找到更多的乐趣。

彰显成绩，让孩子看得见自己的进步

脾气急躁的孩子，遇到一丁点儿的不顺利，就完全丧失了自己的信心，甚至看不到已经取得的成绩，家长要为孩子拨开烦躁的迷雾，让他能够沐浴在进步的阳光下。每当孩子做出了一个正确的行为，家长都应该善于从中找到对孩子的未来发展具有指导意义的关键点，让当事人看得到自己的进步和成果，通过鼓励的形式，让孩子自己产生内在的动力，愿意做出比已经取得的进步"更进一步"的事情来。

家长的鼓励，不仅要用嘴说，还一定要有行动上的支持，使孩子更直观地看到自身的进步，从而对自己产生的价值感到自豪。比如孩子学习钢琴，家长可以将他演奏的曲子录下来，大家一起欣赏，隔段时间就把这支曲子再录一次，孩子听得出来自己的进步，就愿意心平气和地弹奏一首有难度的新曲子，付出更多的耐心去不断进步；孩子学习绘画，用"开画展"的方式用来激励孩子最适合不过，经常将孩子的新作与旧作比较，孩子看得到自己的进步，能够有效地勉励孩子别去在意现在的挫败，不要被束缚在"我画不好这幅画"的急躁情绪中，而要着眼大局，相信自己有不断超越从前的自己的能力。

40

强制性体育锻炼，持之以恒"双赢"

情景再现

泡泡又在卧室里摔摔打打了。

"谁又惹你了？"妈妈跑过来问。

"破铅笔！"泡泡生气地把已经摔在地上的铅笔用力地踩了几脚。

"铅笔又不会说话，不会动，你和铅笔较什么劲儿？"妈妈一边弯腰捡起地上的铅笔,一边说道。

"这个铅笔太难削了,铅笔芯一直断,讨厌死了。"泡泡说。

"是不是你削铅笔的时候太用力了,所以把笔芯折断了?"妈妈问道。

"我越是着急想把作业写完,铅笔越是和我对着干,越是想快点削好,笔芯越是断!"泡泡气呼呼地说。

"你要是耐心一点,动作轻一点,怎么会一直削断呢?不从自己的身上找原因,冲铅笔乱发脾气有什么用?"妈妈说道。

"我不管,我现在连写作业的心情都没有了。"泡泡索性连作业也不想写了。

孩子的心里话

我越是心情不好的时候,铅笔越不配合,作业也那么难,把我的游戏时间都浪费没了!

家长应该怎么办

泡泡到底是因为原本就没有写作业的心情,所以削铅笔时没耐心而发脾气,还是因为铅笔不好削,让他也失去了写作业的耐心呢?我们不是泡泡,所以不得而知,但是可以确定的是,不管是写作业还是削铅笔,泡泡的状态始终是急躁的,人一急起来,很容易手忙脚乱、欲速则不达。孩子的这种急脾气只依靠家长的好言相劝能够完全改变吗?答案是否定的,说教的效果往往是暂时的、短期的,想要让孩子从里到外地耐心起来,少不了系统性的训练,这其中的体育锻炼就是很简单易行的方法。

体育锻炼的目标一般都很明确,在可行性目标的引导下,每天进行一定量的运动锻炼,不仅可以增强体质,提高孩子身体的平衡性、协调性、灵活性、体能,还可以培养不怕苦不怕累的精神,让孩子逐步具备自我调整的能力,持之以恒便可以增强做事的耐心,是一种能带来双赢的活动。家长应该经常带孩子参加户外活动,比如散步、逛公园、郊游、慢跑、滑板、骑车、轮滑等，要督促孩子每天坚持，逐步养成运动习惯，当孩子能耐心地走完一段路程、跑完一段距离、完成几个轮滑里的花样动作之后，他再去做其他事情，也会富有耐心了。

为小学生选择适当的体育项目

有趣味性和观赏性的，对场地、器械要求不高，而且能够活动全身，有相当的运动量，可以独立完成的体育项目比较适合小学生，比如慢跑、快走、武术、健美操、踢毽、跳绳、游泳、轮滑、自行车等。这些是每天都可以进行并且能坚持终身的项目。

不适合小学生的体育运动

儿童不宜负重力量练习，如过多的举重或搬运重物等活动，会导致身体的不匀称发育，如果肌肉过早地受刺激变发达，会影响心脏等器官的正常运转。

儿童不宜做会对心脏产生过强刺激的运动，如健美器械、拔河等用力憋气的运动都会引起胸腔内压力急剧上升，有碍静脉血回流，憋气结束时，静脉血会突然涌向心房，损伤孩子的心脏。

儿童不宜长跑，过度消耗体能的运动，会使儿童的营养入不敷出，骨细胞生长速度减慢，身材瘦小。

第六章　没耐心急脾气，父母怎么办

41

别总强调第一，期望越高孩子耐心越小

情景再现

"这次市里的绘画比赛，你一定要得第一名啊！"妈妈对莎莎语重心长地说。

"去年我得了第二名，不是也不错嘛，200多人参赛呢。"莎莎说。

"第二名多丢人，不管有多少人参赛，谁都不会在意第一名之外的其他人的，所以你一定要加倍努力，力争第一。"妈妈的期望很高，有种胜券在握的感觉。

但莎莎的想法却是相反的："今年的我比去年的我的绘画能力没什么太大的进步，而且我喜欢安安静静地一个人画画，周围有其他人围观，我就画不好了，这次恐怕我连第二名都保不住了。"

到了比赛那一天，还真让莎莎说中了。虽然进入比赛现场时，妈妈一边走一边说："一定要好好发挥，别毛毛躁躁的，时间足够用，不要管别人是怎么画的，你画你自己的就行。"可是一到了人山人海的现场，莎莎立刻底气不足了，倒不是参加比赛的人有多少，而是那些陪同的家长的气势都十分强盛，甚至有些孩子跟着来了四五个家长，团团围住，拎着食物拎着画具。每个家长都是一副莎莎妈妈的表情——我家的孩子一定会得第一名。

比赛开始了，家长们都被请到了场外，要求尽量保持安静。这次的比赛主题是"我的中国梦"，命题很大，这让莎莎无处着手，用余

149

光看到其他孩子有的已经开始动笔了，她心里不禁开始着急起来，到底应该画些什么呢？好吧，就画绿色地球的环保主题吧。

莎莎开始动笔，脑海中不时地浮现出妈妈对着她说话的一幕幕。"你一定要得第一名啊！"这句话在耳边不断地回响着，莎莎不由自主地在画纸上写了一个大大的"1"，这可怎么办？整个画面一下子就乱了，怎么修补啊？时间已经过去一半了，再重新画，就会完不成的。莎莎努力修补着这道"败笔"，那个直愣愣的数字仿佛在嘲笑莎莎的失误，也仿佛是妈妈严厉的表情在督促着她。心烦意燥的莎莎终于忍不住了，放弃了继续修补，把画纸一撕，愤然离场，其他孩子吃惊地看着她的举动，心里却暗暗高兴："又少了一个没耐心的对手。"

"你怎么出来了？"妈妈不解。

"我弃权了。"莎莎说。

"什么！你怎么敢！你怎么可以……"妈妈一时被惊愕得语塞，想要责骂的话都不会措辞了。

"你总是说让我一定拿第一，我压力太大，实在画不下去了。"莎莎说。

"你……"妈妈扬起了手掌，却实在不忍心打下去。

孩子的心里话

觉得生气，你就打我吧，反正打了也没用，我都已经弃权了。你说的事情，我做不到，我没那个耐心去完成我做不到的事情。

家长应该怎么办

这是一个家长的面子和孩子的里子的问题。每个家长都愿意付出自己的一切去塑造一个完美的孩子，有时候家长的那些期望脱离了现实的基础，一腔热情难免化为一厢情愿，面对扭曲的目标，孩子的耐心逐渐在心有余力不足的实际情况下消磨殆尽，就像是莎莎一样。

家长对孩子的过高期望是造成儿童内向、焦虑、孤僻、反叛等心理问题的最主要、最直接的原因。家长要求孩子尽善尽美，不允许一点差错，孩子接过家长的期望时诚惶诚恐、生怕让家长失望，长期处在焦虑与恐惧中的孩子遇到困难时难以耐心淡定，或者灰心气馁，或者乱发脾气，或者逃避回避也就不足为奇了，严重的会影响智商和情商发展。家长教育孩子要事事力争第一名，与此同时却忽略了性格和品德的培养，直到孩子犯了大错，家长才认识到学习好智商高并不代表孩子就是优秀的，那些知名学府里的高才生虐杀同学的事件正好证明了这个道理。

对孩子的期望是一定要有的，但怎样的期望才是合适的呢？事事争做第一名只会给孩子带来压力、给家长带来失望。优秀的孩子并不一定是事事第一名的孩子，他们往往是在众多优秀品质的帮助下在某些领域处于上游水平的孩子。家长想要培养出优秀的孩子，就必须顺其自然，正确认识孩子的能力，不强求孩子做能力以外的事情，触手可及正好，可望而不可即会让孩子失去动力和自信。

尤其需要注意的是，当孩子取得了好成绩，家长也应该告诉孩子："我不是因为你考了第一名，所以才要奖励你。爸爸妈妈爱你，就算你考的成绩不理想，但是我们能看到你付出的努力和耐心，那就值得被奖励。"让孩子明白，家长所给予的期望并不是一种压力，而是一种关怀，是柔软的爱，不是充满着尖刺的鞭子，孩子做事时的心理压力小了，也就可以游刃有余地从容面对一切，何谈缺乏耐心呢？

42

笑能感染人，孩子快乐自然不会发脾气

情景再现

迪迪放学回来，看到爸爸坐在沙发上，正愁眉不展，于是问道："爸，你怎么了？为什么不开心啊？"

"还能是因为什么，今天又去和老板谈涨工资的事情，他又推诿，说年底开个会商讨一下，有什么可商讨的啊，小公司就十来个人，他是老板，我看就是不想给我涨工资而已，现在行业不景气，跳槽的话，可能一时半会儿找不到合适的工作呢，让我等到年底，我哪有那个耐心。"爸爸诉苦道。

"哎，这事啊，顺其自然吧。"迪迪不知道该怎么劝解，就用了一句放在哪里都好用的"顺其自然"。

"什么就顺其自然啊，现在光涨物价不涨工资，我怎么能淡定得了，你的学费、家里的生活费，哪样不都是我赚的钱，你倒是不操心钱的事情，哪里知道我的苦处。"爸爸说道，"不行，我还是给同事打电话问问他们有没有涨工资的事情，实在不行，就来个集体请愿。"

迪迪见爸爸"忙"起来了，也就去学习了。遇到一道难题，他跑去向爸爸求教，刚说了两句，爸爸就顶了回来："我烦着呢，没看见吗？别和我说话，自己学去，不会做你就空着！"

被爸爸泼了冷水的迪迪心情也变糟了，似乎这种不开心是会传染的。他写作业的时候，看着那些完全没有解题思路的题目，心情渐渐烦躁起来，瞥了一眼爸爸那张阴沉沉的脸，再看看这几道讨厌的题，迪迪终于把

自己的耐心和作业本一齐塞进了书包里，一个人坐在书桌旁生闷气。

孩子的心里话

题目这么难，爸爸也不帮我，心里真不舒服，他有他的烦心事，我也有我的烦心事呢，算了，不写了，不会就不会吧，反正爸爸只关心赚钱的事情，不关心我的成绩。

家长应该怎么办

家庭环境对孩子心理素质的影响

一个人的成功与否，其实只有20%归于智商，而80%则归于情商。家庭环境的好坏对孩子的情商起着至关重要的作用，家庭的组成、结构、气氛和情调，家庭人员的意识、作风、行动都是隐性的家庭环境，潜移默化地影响着孩子的性格和品质。只有身处在和谐、温馨、互助、互爱的家庭环境中，孩子才会感到幸福快乐、有安全感，这些情感都是培养耐心必不可少的支撑。

请给孩子一个笑脸

俗话说"笑一笑，十年少"。快乐是笑的基础，快乐能使人各方面的身体机能达到最佳状况，笑是快乐的表现，大脑皮质受到愉快的刺激，能消除神经和精神的紧张感，而且还能在放松的心境下给人积极向上的力量，做什么事情都能发挥出最佳的效果。快乐的生活是每个人都在追求着的，但很多时候不遂人愿，工作不顺利，孩子不听话，都会让家长的脸上布满阴云。请家长们为了自己的健康，为了给孩子一个轻松愉悦的家庭氛围，不要再感叹命运的不公、时运的不济，不要再执着于那些无法达到的目标，不要再只看到孩子的缺点、看不到孩子的长处，请发自身心地对着孩子露出一个颇具感染力的微笑，让孩子体会生活中处处都有阳光，心情变得愉悦。在家长的笑容感染里，孩子也学会了如何控制和正确表达自己的情绪，自然就能心平气和地对待那些令自己不耐烦的事情了。

43

巧用合约，慎用惩罚，轻松改掉坏脾气

情景再现

科科的班主任第一次给科科爸爸打电话，爸爸有点"受宠若惊"，心想：老师联系家长，准没有什么好事，一定是科科惹祸了。

"周一数学考试，我今天批卷子，几十份的卷子里，就您家孩子的卷子最引人注目。"老师慢条斯理地说，强压心里的不悦，"这回的题目我稍微设置点了难度，想看看孩子们对于新学到的知识掌握得怎么样，有的孩子确实因为不会就空下不写了，您家孩子太有创意了，他居然用涂改液把我出的题目给涂掉了！"

"这孩子，太不像话了，我一定好好教育他！"爸爸也被科科的"创意"给刺激了一下。

下午放学后，爸爸问："听老师说你把卷子上的题目用涂改液给涂掉了？你可真是聪明啊。"

"那当然。"科科完全没听出来这是反话。

"你以为我是在夸你吗？"爸爸拍案而起，"你以为把题目涂掉了，老师看不到这道题，就不会给你扣分了是吗？"

"嗯。"科科看清了形势，弱弱地应着。

"说，你为什么不好好答题，要这么做？"爸爸问道。

"这次的试卷真的很难，前面的题我都是硬着头皮做的，好多答案都不确定，后来看到这道题，我更是没有耐心算下去了，眼看要交卷了，我一着急，就突发奇想用涂改液把它涂住了。"

第六章　没耐心急脾气，父母怎么办

"什么叫没有耐心算下去？你是一个学生，学习、计算就是你的任务，这点解题的耐心都没有，还上个什么学？"爸爸的脾气也上来了，忍不住继续责骂了几句。

听着爸爸一句接一句的批评，科科的脸上也挂不住了："我学习不好，你也有责任！"

"我有什么责任？"爸爸问。

"你不辅导我学习，一去问你，你就说忙，有时候还冲我吼，其实你根本不忙，就是在玩游戏。"科科说道。

"我干什么，和你没关系，学习是你自己的事情，别扯上我，这次考试这么丢人败兴，罚你今晚不许看电视！"爸爸说。

孩子的心里话

说我脾气急，不好好答题，我的急脾气都是遗传自你的，你对我就是这样没耐心，还指望我对学习有耐心？

家长应该怎么办

现实中的家长在批评孩子这里不对那里不对、诸多缺点时，却忽略了：孩子身上的缺点，自己身上也有，让孩子改正，自己却依然如故。这样的家长讲的话再怎么苦口婆心，孩子会听得进去、记得住吗？即使责骂体罚孩子，孩子会心服口服吗？教育效果会理想吗？

家长已经习惯了要求孩子无条件服从自己，不听话就要惩罚，很少能想到多和孩子讲点契约关系，用公平、商量的口吻，把家长和孩子应该发扬的优点、必须改正的缺点都写进"合约"里，不但要求孩子承担自己的责任和义务，而且家长也要承担相应的责任和义务，通过合约的形式规范下来，让家长的要求和期望得到孩子的充分认可，并且有效地执行起来。这种"亲子合约"可以体现教育者与被教育者之间相互平等的关系和对孩子人格的尊重，在交流通畅的基础上形成"共识"，把传统的家长说什么、孩子做什么的"单向教育"升级成为家长与孩子互相承诺的"双向教育"，把家长对孩子的外在要求转变为孩子对自己的内在要求和自觉自主意识，以此增强孩子自我约束意识和自我管理能力，在不知不觉中家长的教育目标也就实现了。

合约可以是针对具体突发的某件事的合约，同一件事在不同时间，合约内容可以不同，灵活根据实际情况约定。一旦孩子出现了合约中明确禁止的行为，家长既不用去叨唠，也不用滥用惩罚，只需要按照当初约定好的处理方法来行事，重心在于严格要求，长期督促。时间一久，合约成了规范，规范成了习惯，孩子的心自然就静了，耐心也有了。孩子成长的同时，家长也在完善和提高自己。

44

孩子发脾气，父母一定要达成同盟

情景再现

这天，妈妈正在厨房里准备午饭，刚把洗好的豆芽放在操作台上，就被满屋疯跑的果果给撞翻了洗菜盆，豆芽撒了一地。

"你干什么啊？看看你弄的，赶紧给我都捡起来！"妈妈眼见自己的劳动成果被破坏，气愤地说。

"对不起。"果果只好蹲下来，一根根地把地上的豆芽捡起来，实在是太多了，捡了一会儿，她就没耐心了，转身就要走。

"你干什么去，还没捡干净呢，不许走！"妈妈怎会就此放过她。

"我才不要呢，你自己捡吧。"果果也是一个急脾气，根本没耐心做这么琐碎的事情。

"我还没骂你,你倒有脾气了?自己做错的事情,让别人给你收拾烂摊子?"妈妈说。

"怎么了这是?都掉地上了,还捡什么,多脏啊,炒别的菜呗。"爸爸过来帮果果说话了。

"你看她发脾气,你就要护着她?我可没这么好说话,赶紧给我捡,哪也别想去!"妈妈说。

"你这么较真干什么啊,她又不是故意的。"爸爸说。

"我不管故意还是无意,做错事情就要弥补改过!"妈妈说。

"你管孩子太严了。"爸爸说。

"是你太溺爱,才会觉得正确的教育就是严厉。"妈妈说。

趁着爸爸妈妈争执个不停,果果早就溜去看电视了。

孩子的心里话

还是爸爸好,妈妈太没有人情味了。几根破豆芽都比我重要吗?我就是不想捡了,能怎么样?哼!

家长应该怎么办

教育孩子的时候,如果父母持有两种不同的理念,表现两种不同的态度,设置两个不同的目标,提出两个不同的要求,采用两种不同的方法,比如孩子没耐心、乱发脾气,爸爸教育孩子,说:"你必须把这个完成了,要不就不许吃饭。"妈妈却对孩子说:"别听你爸爸的,能不能吃饭由我说了算,你吃完饭再接着完成,没事的。"父母各执一词,会让孩子无法判断、无所适从、左右为难。时间一长,孩子很难形成对自己的正确认识,不重视也不敢坚持自己的想法,到处征求别人的意见,他的学习、工作和生活必将陷入混乱。有时候父亲和母亲的意见不一致,孩子为保护自己的利益,便倾向于依赖一方,而疏远另一方。父母对于处理果果的过错的不同态度,恰好让果果置身事外,教育孩子的问题演变成了家长之间的争执,偏离了教育的轨道，甚至让果果喜欢爸爸、不喜欢妈妈了。孩子在温和的家长面前，就会事事依赖、毫无主见，或者行为放肆，对家长的话置若罔闻；在严厉的家长面前，就会唯恐避之不及，不愿意交流，不得不面对的时候也是战战兢兢、唯唯诺诺的。

家长应该定期召开家庭会议，内容是如何统一家庭教育思想和方法，本着求同存异的目标，坦诚地交流自己的想法，使各自的意见在协调之后尽量保持一致，最后达成教育孩子的共识性原则。教育孩子的时候，家长必须达成同盟，按照商议好的原则给孩子一个统一的价值观，理性的人不必过于执拗，感性的人也不可过于随意，相互支持，相互配合，这样才会培养出情商高、能力强的孩子，才会有益于耐心的培养。

在实施教育的过程中，一旦在孩子面前家长产生事先没有预想到的差异和矛盾，也不要固执己见，或是公开吵架，这样会使父母双方在孩子心中的威信降低。如果在争吵之中，持有错误观点的这一方获胜了，孩子就会加以认同，认为他（她）是家里的主心骨，什么事都是他（她）说了算，以后孩子将不会服从失败的那一方的管教，以至于给家庭教育带来不必要的障碍。遇到这种情况，大家各退一步，暂时搁置，等交流好之后才来教育孩子也不晚。

45

重过程，不给孩子限定问题的答案

情景再现

"你拼错了！"妈妈把淘淘用了一小时才拼好的轮船模型又重新拆解开。

"你干什么啊？人家好不容易拼好的，你松手！"淘淘急了。

"好不容易？好不容易才拼成这个样子？你不会看图纸的吗？上

面画着这块积木要安在这里了吗？你一点都不用心，自己想一出是一出，什么时候才能拼对？"妈妈继续拆积木。

淘淘急得都快哭了，眼看着自己费力拼好的模型现在变得支离破碎，心里的悲伤难以言表。

"好了，都给你拆好了，现在重新开始拼，必须按照图纸，一模一样，不然以后再也不给你买这种模型了，这么贵的东西，是买来让你瞎玩的吗？你要是以后搞建筑，是不是也会不按照图纸，自己胡乱改建？"妈妈说。

淘淘拿着一块块积木，一声不吭地重新开始拼了，妈妈见他的态度蛮好的，就没有在旁边督促他，做别的事情去了。

淘淘一会儿看一眼图纸，一会儿去找对应的积木，拿起一块，不是，又翻出一块，还不是，刚开始还耐着性子按照图纸拼好了几个重要的部分，可遇到甲板和桅杆上的细节处时，他就有些不耐心了。某处总是不能对齐，某处总是按压不到预定的位置，某处总是一边高一边低，淘淘彻底不耐烦了，把图纸一丢，干脆闪人，跑去画画了。

妈妈看见桌子上的半成品和散落着的积木，就知道淘淘肯定是半途而废了："你怎么不拼完再去画画？"

"我不想拼了，图纸画得太难了，你还非让我拼得和图纸一模一样，我不玩了。"淘淘说。

孩子的心里话

妈妈光看到我拼出来的轮船和图纸上的不一样，她怎么就没看到我当时拼得多认真，现在非让我按照图纸来，一点乐趣都没有了。

家长应该怎么办

如果把家长比喻成果农，孩子就是一棵果树，家长总是过于关注这棵树将来会结出什么样的果实，却很少关注这棵树现今的生存状态。生活中也是这样，家长在教育孩子的时候经常抛开过程，急于看到成果，从孩子小时候起，家长的关注点就放在了孩子认识多少个字，能背多少首诗，会唱多少首歌，学了哪些特长……眼睛里满满的都是教育的"结果"，没有对取得这个结果的过程和状态加以足够的重视。

淘淘妈妈就是犯了买椟还珠的错误，她在意的是雕刻精美的盒子（和图纸一样的精美轮船模型），而忽视了里面弥足珍贵的珠宝（孩子的耐心和创意），给淘淘限定了唯一的答案，致使淘淘的想象力和创造力都被压制着，就连兴趣使然的耐心也不复存在，心里一急，于是从开始的三分钟热情变成最后的半途而废。

在碰到孩子的所为和家长的预期有差异的情况时，家长应该多问问孩子为什么不能坚持到底、完成要求。在了解孩子遇到的困难和付出的努力之后，应表示出理解孩子的难处、支持孩子的努力，对他已经取得的些许成功加以肯定。这样孩子就会获得动力，发挥自己的全力去做，做起来也没有太大的压力，往往能够水到渠成。家长盲目追求特定结果只会带来孩子的身心疲惫，强压之下的最终结果也会差强人意。

有时候虽然孩子会在家长所期望的道路上走一些弯路，但这些弯路并不是完全没有意义的，对孩子来说，这是他探索自身实际能力和实践自我创意的方法之一，有时候能带来意外收获。比如在考试中，孩子解答一道数学题，发现原本是一道很典型的例题，不过自己却完全忘记了推导公式是什么，所以只好从以前学过的基础知识里找思路，一点点地推算出来。本来一个公式可以解决的题目，孩子却用了三四个公式，本来三行字就能写完的解答过程，孩子却几乎把空白处都填满了，千辛万苦的思索之后得到的最后答案是正确的。

有的老师在判卷子的时候，看一眼答案是正确的，就给了满分10分；有的老师则粗略看了一下解题步骤，发现孩子解题时所运用的公式不是自己出题时所想要考核的公式，于是就给了8分，批注："公式用错了"；有的老师看到孩子把原本简单的题用了这么多步骤来解答，就产生了一探究竟的兴趣，仔细看过孩子的步骤之后，给了满分10分，并且批注："很不错，很有创意，条条大路通罗马，旧公式掌握得很熟练，望新公式也能加深记忆、强化利用。"

如果家长是老师，会是哪种老师呢？看到结果对了就给一个与结果相符的分数？看到过程错了就减去一些分数？看到过程虽不尽人意、但勇气可嘉，给一个和结果相符的分数，再给一些认可和鼓励？

把这次考试同理到生活中也是一样，家长交代给孩子一件事情，孩子从头到尾顺利完成了，家长夸奖一番："你做得很好。"

孩子虽然做完了，但是过程耗时又耗力，家长看到的过程是能力不行、态度不好、专注不够，所以忽略了孩子最终完成了这件事的结果，而去批评孩子太笨、太磨蹭、太急躁。

孩子完成了任务，但完成得很辛苦，其间困难不断，但他自力更生地找到了解决之道，虽然动作慢了一点、时间长了一点，但在坚持和放弃之间，孩子做出了"没有路，也要踩出一条路"的决定。家长看到了孩子遇到的困难，也看到了孩子的选择，更看到了孩子的努力，最后不仅肯定了孩子所取得的成效，也由衷地赞同了孩子自愿坚持到底的想法，对孩子应对困难时的创造性思维表示惊喜，对他的每一次努力表示欣慰。

孩子"搞砸"了家长交代的任务，不管是过程还是结果都不尽人意。比如妈妈让孩子切姜丝，孩子却因为掌握不好大小和间距，一时心急，干脆菜刀乱砍，切成了姜末。这时候家长面对着给孩子限定的答案"姜丝"的不复存在，是应该吼几句"你切的是什么啊？我要的是姜丝，不是姜末！你让我怎么炒菜！"还是应该说："啊，你切成了姜末啊，虽然不能用来炒菜了，不过我这里正好有几个松花蛋，做成姜末松花蛋正好，今天的菜更丰富了。不过，你还得再切一份姜丝啊，不然今天的肉菜就没办法炒了，来，我教你，应该这样切，稳一点，很简单的，比你切姜末省力气多了。"

这就是要告诉家长，遇到自己意料之外的答案时，第一时间不应该是失望之极、大发雷霆，因为你根本不知道孩子为什么会这么做，也没有看到孩子是如何做的，更不了解孩子是急躁地敷衍了事导致了这样的答案，还是因为竭尽了全力却心有余而力不足导致的。要有这样的意识：家长设想的答案未必一定正确，孩子得出的答案未必谬误之极。"求同存异"完全可以用在这里，求"同"，大家的出发点都是相同的，就是要把事情做好，家长希望孩子是专心地完成这件事，孩子也确实付出了百分百的努力，孩子在过程中实现了家长对于"好好干、认真点"的期望，就值得被赞扬；存"异"，因为能力、环境、心理等差异，生活中的答案不可能和试卷上的答案一样，是唯一的相同的，生活中的答案即使看起来相同，但实质上只是高度的相近而已，"异"的存在是不可否定的，就算是1+1这种极其没有异议的问题，在个别情况下也不一定等于2。家长要以大度的胸怀去容忍孩子的意外之举，理智地看待自己的期望，同时也客观地看待孩子的结果，不管结果是尽善尽美还是差强人意，都应该把关注点放在孩子努力的过程上。家长重视过程，孩子才能重视过程，只有过程才能锻炼孩子的能力、培养孩子的耐心，而100分的结果里是无法完全体现出来这些的，因为100分的结果可能是因为考题简单，可能是孩子乱打乱撞、蒙对的，也可能是孩子作弊得来的。永远不能只凭借一个单纯的结果来评断孩子的能力高低和品质优劣。

46

缓解焦虑，多给孩子正面暗示

情景再现

松松一回到家，就兴致勃勃地拿出刚才买的拼图，打开包装玩起来，可是刚开始时就有些不顺利，他的眉头皱在了一起。

"你要是想玩的话，就抓紧时间，一会儿别忘了写作业。"妈妈说。

松松拿着一块拼图，始终找不到应该放在哪里，犹豫不决的样子让妈妈看不下去:"我说你磨磨蹭蹭什么呢?早知道你连拼图都拼不好,我就不给你买了,浪费钱不说,还耽误学习时间。"妈妈催促道。

在妈妈的唠叨下,松松的拼图比刚开始时更没有头绪了,原来拼对的地方,不小心又碰乱了。

"你看你,什么也做不好,这块应该在这里啊,这么明显你都看不到?"妈妈过来"指点迷津"。

"好啦,不用你操心,让我自己玩行不行?"松松的语气显得不耐烦了。

"不用我操心,你就是等到天黑了也拼不好。"妈妈说。

果真让妈妈说中了,十分钟过去之后,松松的拼图毫无进展,想着妈妈又要过来说自己,松松的急脾气再也压制不住了,抓起拼好的那部分拼图,狠狠地往地上一摔:"不玩了,真讨厌!"

"买的时候,我就说,你这么没耐心的人,根本玩不了拼图的。"妈妈说。

孩子的心里话

妈妈总是说我没耐心,说着说着,我的心里更烦躁了,什么事情都没办法专心完成,到底是因为我自己的原因,还是妈妈的暗示呢?

家长应该怎么办

抓紧时间、磨磨蹭蹭、"指点迷津"、你这么没耐心的人,根本玩不了拼图……松松妈妈的各种言行简直就是赤裸裸的负面心理暗示,是在告诉松松"你是一个没有耐心、磨磨蹭蹭、没有能力、让我不得不去帮你的人"。松松收到了这样的暗示,自然无法静下心来完成拼图了。

这个年纪的孩子,求知欲都很强,总想把新奇的事物探个究竟,总想尝试自己以前做不到的事情,但志大力薄,现阶段所掌握的知识、技能、经验都不足以完美地完成这件事,心中已经产生了挫折感,这时再加上家长的"火上浇油""伤口上撒盐",想要坚持下去的心立刻就支离破碎了。如果一个孩子每天生活在这样被人瞧不起、被人指责的消极环境中,又何谈乐观地面对困难、耐心地解决问题呢?

给孩子一个积极向上的标签

家长要做的不是"火上浇油",而应是"雪中送炭",在孩子取得些许成绩的时候,更要"锦上添花",在关键时刻给孩子一个积极向上的标签。通常情况下,人们认为自己是个怎样的人,别人认为自己是个怎样的人,最终自己就常常成为怎样的人。"你急什么啊""你怎么这么没耐心""你太急躁了,什么事也做不好""你真是个急脾气"……这都是一些负面的评价和暗示,如同一个个标签一样,贴在孩子身上,贴着贴着,急脾气就成了孩子的另一个名字。家长应该多给孩子一些正面的暗示,一方面帮助孩子减轻心理负担,一方面给孩子一个努力的方向,多说一些:"你可以更细心一些""你很认真啊""比我预想的要好""你坚持下来了,真不错",等等。

让孩子见到生活中的光

在我们生命中,真正起决定性作用的不是发生了什么事,而是我们怎么看待这些事。当你外出郊游的时候,是着眼于风和日丽的天气,还是坎坷崎岖的路况?不同的眼光,会给旅行带来不同的感受:尽管路途不顺利,不过能够乐观地看到天气很好、风景不错,也会让旅途平添乐趣;看不到阳光的明媚,只消极地低头走路,一心纠结着路途不顺利,只会让旅途平添忧愁。

乐观就是旅途中的风景、生活中的光,它能让孩子面临困难时充满信心,依赖想象力和对未来的展望,忍受眼前的不顺利,理智看待事实,摆脱不良情绪的控制,最后出乎意料地把事情做好。如果家长能多带孩子去见识美好的事物,引发孩子乐观、向上、快乐、幸福、宁静等良性情绪,虽然当时不一定起作用,当长期的暗示下,孩子的乐观品质就会慢慢地建立起来。学会乐观地看待挫折之后,孩子的抗挫折能力更强,可以积极地面对原本不喜欢的事情,把以前用来发脾气的力气用在最高效地解决问题上，将最终结果从逃离问题变成攻克问题。

当孩子遇到挫折而沮丧时，家长往往要么代替孩子完成任务，要么完全迁就孩子放弃努力，要么厉声批评孩子，甚至体罚，要么置之不理，采取"无视"态度，后两种行为相当于把孩子独自留置在一间没有窗户、没有门的黑暗房间，他能感受到的只有无助和害怕，在这样近乎"恐怖"的地方，孩子大吼大叫、摔摔打打也就不足为奇了。孩子大发脾气时，往往听不进去家长的话，必须先清空他的情绪，才能教育出效果来。要先解决情绪，再解决问题。家长这时应该给孩子提供鼓励和支持，帮助他认真分析挫折产生的原因，让孩子认识到挫折本身并不可怕，最重要的是要敢于面对挫折，并且采取正确的方法战胜挫折，将实践目标的行为坚持到底。

家长自己也要有一个积极处事的态度。有的家长把孩子的问题当成是自己的问题，看到孩子的挫败，自己也心灰意冷；有的家长在外面遭遇困难时，不能乐观面对，却回来对孩子发"无名火"。

这种消极的榜样，这种压抑的成长环境，特别容易打击孩子的自信和乐观，长久下去，孩子养成了一个习惯：遇到事情先看到消极的一面。孩子遇到失败就会自责，遇到挫折就会退缩，遇到困难就会发脾气，乐观的笑容便逐渐被淹没了。

47

必要家规不可少，脾气坏是自作自受

情景再现

洋洋和爸爸妈妈一起去电影院看最新上映的美国大片，刚检完票，洋洋就往里面冲。

"洋洋，等等我们，离播放时间还早着呢，你急什么啊。"妈妈说。

洋洋坐到座位上之后，就不断地看手表："怎么还不开始啊？"

"时间没到，怎么开始，你总得让人家准备准备呀。"爸爸说。

"真磨蹭，快点啊，我都等不及要看了。"洋洋说。

"耐心点，这又不是用家里的电脑看电影，你想要震撼的效果就要耐心等待啊。"妈妈说。

好不容易等到开始播放电影了，洋洋睁大眼睛看着，生怕错过每一个精彩的镜头，突然屏幕抖动了几下，图像卡住了。观众席传来了低微的抱怨声。

洋洋盯着这张图，坚持了2分钟，就耗尽了自己的耐心，大声喊道："怎么不接着放了？干什么呢？"他这一喊，吓了旁边的爸爸妈妈一跳，也吸引了周围观众的注意力，前排的人纷纷往后看。这让爸爸妈妈觉得十分尴尬，拽了拽洋洋，示意他不要高声喧哗，可是洋洋的急脾气一上来，哪是妈妈能拽住的："还让不让人看了，赶紧修啊！"

从别人的眼神中，爸爸能看出来其中满满地写着"没家教"三个字，心里一阵羞愧，冲洋洋低吼："闭嘴！别丢人了，安静点，你着急，别人不着急吗？谁也没像你这么没礼貌。"

爸爸刚说完，电影就继续播放了，人们的注意力回到电影上，少了灼热的目光，爸爸妈妈的心情好了一点，不过心里依然对洋洋的表现十分失望。

孩子的心里话

是他们失误的，怎么还不能说了？谁让我等得不耐烦，我就说谁。

家长应该怎么办

洋洋的表现在谁看来都是没有家教的表现，家教的规范化体现形式就是家规，往大了说，就是家风。俗话说"没有规矩，不成方圆"，大多数成年人的心理问题都源于童年时期没有在良好的家庭教育下形成健全的人格,所以家长应该给孩子制定行为规范——家规,让他从小就有是非观念,知道什么能做、什么不能做。

孩子的适度淘气行为,是可以容忍的,不必强加干涉,但是如果不好的行为涉及了道德领域,在认可孩子自律性的同时,必须明确地制定规则,制止这些行为的发展。让孩子按规章办事,明白自己的行为并不是随心所欲的,违反之后要自己负责,乱发脾气也要承担责任。

如何制定、实施家规呢?

首先要明确要求,预防在先

家长平时对孩子的行为要有明确的要求,给孩子提供适当的约束,培养规则意识,增加其心理自控能力,逐步改善缺乏耐心的情况。这些要求应该是合乎伦理、合乎能力的,要让孩子有安全感,孩子易于接受,也有信心达到,实施起来就会有效。如果家规太严,对孩子的要求一概是不准摸、不准玩、不准说,事事束缚、件件禁止,让他失去成长的自由,孩子久而久之就会缺乏探索精神,习惯于按"规矩"办事,循规蹈矩可不是一个褒义词。

家规的内容可以是一些简单、明确的规则,在尊重每个家庭成员的权利和义务的基础上,涉及的领域尽量全面一些,比如待人接物的礼貌(对老师、对同学、对长辈、对晚辈、就餐、就寝、乘坐公共交通工具、公共场合等)、作息时间的安排(起床、三餐、入睡、运动、学习、游戏等)、思想品质的要求(责任心、爱心、耐心、细心、上进心、自信心等),旨在让孩子明白哪些事情是该做的、哪些事情是不该做的,哪些事情是对的、哪些事情是错的。语言表述上尽量多用带有激励性质的正面语言,即"要如何如何",少用"不要如何如何,不然如何如何"这样带有批评色彩的负面语言。而且必须明确,家里有一些规矩是人人都要做到的,而有些事情是家长可以做,但孩子不允许做的,因为虽然是民主型家庭,但家庭成员能力和职能的差别使得民主并不意味着所有家庭成员的权利和责任都是同等的。

家规一旦制定，就要坚决执行

家规是有了，现在就是执行的问题了。孩子的自觉性比较差，家长的提醒必不可少，既可以直接对孩子的错误加以指出和纠正，也可以在客厅或孩子卧室的醒目位置立一块小黑板、留言板，对孩子经常违背的家规加以重点突出。在决定给孩子奖励或惩罚时，尽量将其与家规内容结合起来，加深孩子的印象。

家规的教育效果在于坚持坚定地执行。朱熹说："知之愈明，则行之愈笃；行之愈笃，则知之益明。"放在家规里去理解就是：定下了明确的家规，理解得越清楚，实施起来就越扎实，实施得越稳扎稳打、不曾松懈，就会把规则和道理真正地理解进去。所以应该坚决执行家规的内容，一方面可以树立起家长的权威，一方面可以让白纸黑字的文字真正成为有助于孩子成长的力量。孩子一旦出现了没耐心、脾气急的行为，家长一定要按照家规做相应的反应，让孩子看到自己的错误，知道其严重性。不要凭着家长自己的情绪而决定教育态度，对家规的执行时常松懈、时常严厉，家规既然是家规，那么就意味着家长也没有随意懈怠的权利，任何时候都不能被破坏。孩子的坏脾气必须得到相应的处罚，时不时地让他受点委屈，其实也是一种抗挫折能力的锻炼，能帮助孩子了解为什么要遵守这些规则，使他真正理解原则的意义。

公平公正，家长以身作则

家长要起到榜样的作用，这些家规不仅仅是给孩子订立的，也是给每一个家庭成员订立的，必须奖励公平、处罚公正，谁也不能法外开恩，作为知书达理、思想成熟的长辈更应该要严格遵守，以身作则。比如，家规里规定孩子必须专心吃饭，不可以边看电视边玩玩具边吃饭，家长也应该在就餐的时候做到这一点；规定孩子要懂礼貌，家长也应该讲究用语的文明；规定孩子遇事沉着冷静，不乱发脾气，家长也应该在看到孩子犯错的时候控制自己的愤怒。

48

行成于思，思前想后克服冲动

情景再现

米米和妈妈购物归来，发现没有带钥匙，妈妈说："你在这儿等着我，我去叫开锁师傅，别乱跑啊。"

"好的，你快点啊，别让我等急了。"米米嘱咐道。

妈妈走了五分钟，米米就开始着急了："怎么还不回来啊？去哪儿了啊？是不是走丢了？是不是出车祸了？是不是被坏人抓走了？……"她不住地设想着妈妈这么"长"时间还不回来的原因。

米米在门口等得直跺脚，一会儿往楼梯下面看看，一会儿竖起耳朵听听声音，实在等不下去，没多想就转身下楼，去找妈妈了。

等妈妈带了开锁师傅回来，发现家门口空无一人："这孩子跑哪儿去了，不是让她等我吗？"

正在师傅一边开锁、妈妈一边焦急的时候，米米回来了："妈妈，你去哪儿了？怎么这么久啊？"

"我还要问你，你去哪儿了呢？不好好等我，乱跑什么？"妈妈责备地说。

"我去找你了啊。"米米说。

"你能不能稳重一点，不要这么冲动啊？师傅手头有点事情，所以我就等了一会儿，你怎么就不能多等我一会儿呢，下回不许这样了！"妈妈说。

孩子的心里话

真是一分钟都等不下去了，万一她一直不回来怎么办？急死我了，不管了，我要去找妈妈。

家长应该怎么办

孩子为什么会这么冲动

小学生的好奇心都很强烈，常常因为不能够预见自己行为的后果，就凭着本能行动，经常忽视时间、地点、场合，不会调整自己的情绪，说一些不该说的话、做一些不该做的事，这并非是人品问题，而是性格中的一种冲动表现。孩子欠缺耐心、容易冲动主要是因为生理因素和社会因素两方面。孩子的好动是与生俱来的，他们中枢神经系统的发育不够完善，大脑皮层兴奋与抑制过程尤为不易控制，一旦遇有刺激，心里紧张，情绪激动，对突发事件缺乏全盘考虑，行为受情绪影响较多，难以自控地做出不合理的行为。尤其是外向的孩子，天生活泼好动，行动速度快过思考速度，往往就会表现得特别没耐心、易冲动。米米就是这样，妈妈稍微晚了一些，她就担心害怕，做出了冲动的决定。家长的包办代劳、家庭紧张气氛、家长教育理念的不一致、学校里的压力、疾病、外伤等都会导致孩子心理状态不稳定，不能控制自己，容易做出冲动和盲目的举动。

虽然随着神经系统的发展和心理水平的提高，孩子的自制力会逐步加强，冲动行为也会相对减少，但这其中也少不了家长的正确教育。只要家长能及时发现并且干预孩子的冲动言行，孩子的耐心就会越来越多，性格也会越来越完善。

教会孩子"三思而后行"

1.我有我的"样"

如果家长在孩子面前处理问题太极端、太冲动，孩子就会有样学样、如法炮制，大多数孩子都是这样耳濡目染地成为急脾气的人。家长要懂得自我控制，在孩子面前的言行要谨慎，多表现一些沉着冷静、乐观开朗、积极向上，少表现一些情绪不稳、主观冲动，越是孩子冲动犯错的时候，家长越应该冷静地为孩子提供一个可以认错改正的宽容氛围。

2.用事实说话

孩子冲动犯错，打骂只会加剧孩子的暴脾气，事实胜于雄辩，必须要让他从经验中获得教训，了解冲动会造成损伤、明白应对失策的危害，必要时应该让孩子承担相应的责任。

3.理解孩子，一起面对

如果孩子的冲动是不良情绪造成的，家长就有必要给孩子一个释放冲动的空间，持一种不惩罚、不威胁、不敌对的态度去接近孩子，以平缓的语气和孩子交流，尊重、留意孩子的感受。家长继而努力找出孩子冲动的原因，并给他提供一些必要的建议，教会孩子在冲动爆发前，想一想这样做的后果，然后采取适当的方式去释放或转移不良情绪，深呼吸、做放松的运动都可以减少冲动能量的蓄积。

如果孩子的冲动是因为身体不舒适，家长应该多体贴关心孩子，及时给予治疗，冲动行为也就随着身体的康复而消失了。

4.让孩子学会自我沟通

自我沟通就是主动问问自己"为什么"：我为什么要这么做？这是"思前"，这么做对我有什么好处（坏处）？这就是"想后"，再把最终总结出的想法写出来，经常自我反省，本着对自己负责的态度去看待自己的冷静和冲动。

49

帮助孩子表达感情，减少发脾气机会

情景再现

香香给家里的小狗洗澡，可是小狗一点都不合作，刚把它放进浴缸里，就飞速地跳了出来，冲出浴室。香香把它抓了回来，继续按在浴缸里洗澡，小狗从未放弃过反抗，使劲儿地扑腾着，溅了香香一身的水和沐浴液泡泡。

"讨厌！你把我的新睡衣都弄湿了！"香香生气地说。

"汪汪汪！"这是小狗唯一能做出的回答，不知道是在说"对不起"还是"放开我"。

香香想着妈妈说的："咱家小狗比较活泼，不喜欢洗澡，你给它洗澡的时候，一定要耐心一点哦。"可是现在小狗的反抗行为一点也没法让自己耐心下去了，和小狗的撕扯中，香香渐渐没力气了，与此同时，她的急脾气也爆发了。

"讨厌的小狗！"她抓着小狗的后颈，用力地将它往水里按。

"你干什么呢？会淹死它的，快松手！"妈妈见状疾呼。

"小狗不好好洗澡，总是和我作对，我要'教育'它！"香香振振有词。

"你这是欺负，是乱发脾气，不是教育！"妈妈说。

"它这么不听话，害得我生气了，我还能怎么办？"香香说。

孩子的心里话

要是不好好教训它一下，我就会一直生气的，打它一顿，我才能解气。

家长应该怎么办

每个人都会有生气、伤心、沮丧和失望的感情，孩子更是容易控制不住这些负面情绪，似乎随时随地都能做出哭泣、喊叫、摔打的举动，以此表达他的烦躁和不满。虽然尖叫、哭喊、摔东西、骂人、踢打都是负面情绪常见的表达方式，但却不是最好的发泄方式。孩子的无理取闹、乱发脾气往往是因为他不知道除了这么做，还能如何来表达自己内心的烦恼与压抑。就像香香说的："害得我生气了，我还能怎么办？"

家长要告诉孩子：不顺心的时候，生气是可以的，但是不计后果地发脾气和毫无顾虑地伤害别人是不对的，你需要用健康的方式表达出情绪。

遇到困难的正确反应

家长要教孩子如何对人对事产生出正确的情感，学会理智地思考问题。比如香香帮小狗洗澡，小狗不合作，香香是应该直接发脾气、欺负小狗，还是应该想一想小狗为什么不喜欢洗澡？如何能让小狗乖乖听话？在自己控制不了局面的时候，是不是应该求助家长？遇到困难时，第一反应绝不应该是退缩或发火，如果实在不开心，也是有很多其他方法可以既发泄情感又解决问题的。

说破无毒

孩子的急脾气往往是因为交流不畅所表现出来的情绪。表达能力越强的孩子，就越少发生遇事先发一通脾气的情况，他会主动表达、谈论自己的想法，平静地承受挫败感，向家长求助。"说破无毒"就是这个道理。想要培养孩子的表达能力，家长可以经常和孩子聊天，说自己的见闻、讲故事、讲笑话，让孩子学会倾听，有参与讨论的兴趣，乐于表达自己的看法；家长也可以鼓励孩子每天放学后说说学校里发生的事情，给孩子一个主动表达的机会；亲子间的交流无法完全代替孩子和朋友的交流，让孩子多和同龄智力水平和心理状态相似的孩子在一起玩，他的语言表达能力会进步得很快的。

适当的哭泣

从来不哭的孩子，也是身心长期受压抑的孩子，这种"坚强"有害无益，必要的时候，找个机会大哭一场，把不良情绪释放出来，才能让孩子的心灵更健康。真正能够释放自己的哭泣是伴随着抽泣和泪水的哭泣，"只打雷不下雨"的哭泣不能解决任何问题。家长要给孩子一个不受干扰的空间，坚定并温柔地拉着他的手，让他放心地表达自己的真性情，把失望、烦躁和愤怒都变成没有伤害力的眼泪，化山洪暴发为涓涓细流。

50

放养孩子，别让孩子替父母去圆梦

情景再现

鑫鑫妈妈年轻的时候去法国留过学，可惜最后因种种原因，没能留在法国定居，她颇为遗憾。自从有了鑫鑫，妈妈就开始重燃了希望：等鑫鑫小学毕业了，送她去法国的寄宿家庭，在那边接受教育，争取以后能留在法国。

于是从三岁开始，鑫鑫就跟着妈妈学习法语，到了小学三年级，他的法语已经说得不错了，只是在听和写方面的能力还有所欠缺。每天做完学校的作业后，妈妈都会给他一份法语的作业，这让鑫鑫觉得

第六章 没耐心急脾气，父母怎么办

压力很大。

这天，面对着这篇要求用法语写成的作文，鑫鑫在脑中搜刮了一番，实在找不到合适的用词，前几句的语法也似乎有些问题。他心里一着急，把写了一半的作文放在一旁，兀自生着闷气。

"怎么不写了？"妈妈问。

"我闹心着呢！"鑫鑫的语气很强硬。

"闹心什么？"妈妈不解。

"学校里，大家学的都是英语，你却让我学法语，害得我经常把英语单词和法语单词弄混，好几次都把英语作业写错了，被老师批评，我能不能不学法语啊，有什么用呢？"鑫鑫说。

"当然有用了，这是为了将来出国做准备啊，你必须要耐心起来！"妈妈充满希望地说。

"学好英语一样可以出国啊。"鑫鑫说。

"但我只想让你去法国！"妈妈说。

"那是你想去，不是我想去，我一点也不想学法语！"鑫鑫准备彻底在这件事上和妈妈决裂了。

孩子的心里话

妈妈太干涉我的学习了，总想着让我出国，帮她圆梦，一点都不考虑我的理想，简直没法交流。

家长应该怎么办

孩子作为独立的个体，也有自己的理想和追求，他们的个性、天赋、兴趣、爱好、潜力都是千差万别的，尊重孩子的个性，本质上是在保护孩子的未来。但现实中，很多孩子都被父母限制在已为他们设计好的框子里，"行行出状元"在这些家长眼里简直就是对自己降低要求、让孩子自甘堕落的借口。

也有些家长则错误地认为"不给孩子设定长远目标就是放养，而放

175

养就是撒手不管",他们的放养速度快得孩子没有完全适应这个过程,孩子因此产生巨大的心理落差,事情变难了、自己变笨了、什么都没有耐心了,这些挫败感会让孩子觉得失去了父母的爱,从而失去了快乐和信心,做事变得更加拖拉或者急躁。

正确的做法是:给孩子一个做自己的机会。

孩子需要足够的成长空间,有权利独立思考,去实践自己的理想和愿望,千万不要让孩子变成唯家长马首是瞻、毫无主见毫无思想的傀儡,更不要让孩子成为帮助父母圆梦的工具,那也许会让他在补偿父母的遗憾之后,反而留下了自己的遗憾。鑫鑫就是在这样一个要帮助妈妈圆梦的环境下成长的,从小就背负着别人的希望来过自己的生活,小时候还唯命是从,长大后有了自己的理想,自然会对家长的期望抱以不耐心的举动了。家长要给孩子一个成为自己想成为的人的机会,注重引导、支持和沟通。

引导:几乎所有的孩子都有自己的职业设想。家长可以根据孩子的实际情况,以孩子的心理准备和接受能力为前提,向他提出合理化的建议,帮助孩子发展自我设计的能力,引导他找到自己努力的方向,鼓励孩子把远大的理想和现实结合起来,耐心地做好今天需要完成的每一步。

支持:家长应该对孩子的正确理想给予尊重和支持。支持不是说教的开场白,不是趁机谈判提出的指令,而是单纯的赞同和认可。孩子的理想初具雏形的时候,家长不要给孩子太多的压力和警示,那可能会打击孩子的积极性,反而使他不能耐心地对待实现理想的过程。必要之时,除了言语上的支持,家长还要为孩子提供更多切实可行的帮助。

沟通:有时候,孩子的理想难免与家长的意愿产生很大的偏差,但家长万万不能强势地压制孩子、让他只有一条路可以走——完成父母年轻的梦想。家长要在尊重孩子理想和追求的基础上,与孩子平静地沟通、商量和探讨,给自己一个理解孩子的机会,也给孩子一个理解自己的机会,最后再把决定权交给孩子。

51

多米诺骨牌效应,父母说得越多孩子越上火

情景再现

这几天降温了,妈妈想给爸爸织一条围巾,就让小玉帮忙缠毛线,可是这么单调的工作,让小玉完全没有耐心,缠着缠着,不是缠歪了,就是掉落了几圈。

"你能不能专心一点啊,没缠好又得重新来,照你这磨磨蹭蹭的速度,我什么时候才能开始织围巾啊?"妈妈不满地说。

"别催我,你都让我分心了。"小玉说。

"别缠得那么紧,一会儿你的手就抽不出来了。"妈妈说。

"使点劲儿,那么松,一会儿都散开了。"妈妈又说。

"你到底是让我紧一点还是松一点啊?"小玉不知所措。

"该紧的时候紧,该送的时候松,自己看情况。"妈妈说。

刘了妈妈说了跟没说一样的指点,小玉越发没有耐心了,时不时就要被妈妈说几句"这里不对那里不好"。

"我不缠了!"小玉说道。

"做什么都没耐心,算了,不用你缠了,净帮倒忙。"妈妈失望地说。

晚上全家人一起吃饭的时候,妈妈又和爸爸说起了这件事:"小玉脾气太急躁了,连一团毛线都没缠好呢,她就半途而废了,你别光顾着工作,倒是经常管管她啊。"

刷碗的时候,妈妈还在说这件事,临睡觉的时候,妈妈的话题依

然是小玉平时如何没有耐心，今天如何有始无终。这些话听在小玉的心里，越听越烦躁，不禁火大地说："别唠叨了，这么一点事，你能说一天，白天的时候，我还忍忍，现在你一点面子都不给我，我受够你这种说个不停的样子了！"小玉把卧室的门一摔，将自己反锁在里面，换取清静。

孩子的心里话

妈妈真是的，犯了这么一点小错，就被她拿来一直说，不管在做什么事，只要看到我，就要说一说这件事，太烦人了，真让人上火。

家长应该怎么办

家长管得越多，越不利于孩子的成长，说得越多，孩子越上火、越听不进去。小玉的故事就是典型的事例。孩子不是父母的附属品，如影随形的管制和唠叨不仅加深亲子关系的裂痕，也影响了孩子的正常生活。如果家长依然像幼儿园时期那样"时时留心处处教育"地管教孩子，这种过度和过于僵化的教育，让生活中一个本来很自然、很单纯的活动，变成了一堂给孩子造成一定心理压力的三观教育课，可能会使简单的事情复杂化。孩子做错事时，已经背负的内疚，再加上家长的一点理解和协助，也许会让孩子产生积极向上的动力，可如果是自己的内疚再加上家长的束缚和指责，就只能使得孩子在家里诚惶诚恐，忍受不了的那一天，就是叛逆的那一天。

换种方式说"不可以"

家长在直接和孩子说"不可以"时，很少告知详细的原因，孩子会对这种莫名的训斥感到委屈。呵斥带来的恐惧是瞬间的，不能这么做的理由却是永恒的，对孩子更有效力。家长在需要制止孩子的行为时，尽量控制情绪，先耐心地说明为什么"不可以"，言简意赅地表达自己的感受，比如"如果你乱丢玩具,妈妈又得重新整理屋子""如果你不赶紧写作业,会影响睡眠时间的""如果你不耐心吃饭,晚上你会饿肚子的""如果你轻易放弃,我会伤心的"。或者以聊天的方式、协商的语气来引导孩子讨论并解决这件事,比如"如果你不好好写作业,明天收作业时,你打算怎么办?"家长不要强求孩子立刻听从家长所说的每一句话,而应该在旁边等待,给他一点思考和情绪转变的时间,孩子就会自己想通。或者用正面的提醒来代替负面的禁止,想表达"不准看电视"的时候,不妨对孩子说"让我们先吃饭吧"。一味地强调孩子不准看电视,反而在提醒孩子要记得看电视,会使他的关注点持续在看电视这件事上。

就事论事,不过度联系

教育孩子时,家长一定要尊重客观事实,而不是什么事情都想当然、无根据地联系。比如不专心写作业,将来就找不到好工作;不坚持参加特长班,将来就一事无成;做错一道题,是因为上课没听讲……这是一种牵强附会,会给孩子带来恐慌心理。家长不用自己粗暴啰唆的言语和过多的臆想为孩子摆放出一触即发、轰然倒塌的多米诺骨牌,孩子的坏情绪也就不会像多米诺骨牌一样环环相扣,越演越烈了。

第七章
培养耐心并不难，
生活点滴见效果

缺乏耐心的同义词就是"没长性"，想要让孩子"有长性"的方法和策略有很多，虽然不是一朝一夕就能看得到效果的，但荀子曰："不积跬步，无以至千里。"越是生活之中的点滴小事，越能锻炼孩子的意志力，培养出耐心的品质来。在严肃的说教面前屡教不改的孩子，或许在这些"轻松"的事情里能够表现出应有的耐心。当他对生活中的每件有乐趣的小事都能够待之以耐心的时候，就会形成良好的行事习惯，耐心会在习惯的培养过程中逐步产生、适应、增强，反过来，耐心又可以强化习惯的执行力。

这一章介绍了几种从生活小事中培养孩子的耐心的方法，看看书、养养花、种种菜、做做手工……都是不错的方法，实践不仅能出真知，也能养成耐心的品性来。

第七章　培养耐心并不难，生活点滴见效果

52

看一部关于耐心的电影《人生遥控器》

情景再现

优优是姐姐，11岁，暖暖是妹妹，7岁。优优的学习成绩不错，就是性格有些急躁，平常同学来问问题，她解释了两遍，如果同学还不懂的话，她就不耐烦了。平常爸爸妈妈的工作比较忙，辅导刚上小学的妹妹学习的任务就交给了优优，面对这个"出奇的笨"的妹妹，优优经常没有好脸色。

"10减7怎么可能等于2！你在幼儿园是怎么学的？你的数学是做饭阿姨教的吗？"优优冲妹妹吼道。

"那，等于，等于3？"暖暖试探地问。

"废话！就你这智商，我都不好意思和别人说，你是我的妹妹。"优优说，"我再问你，11减7等于几？"

"3？"暖暖没多想就回答。

"10减7才等于3！"优优用课本打在妹妹的头上，妹妹顿时哭了起来。

妈妈听到暖暖的哭声，过来询问缘由，优优说："还不是因为她太笨了。"

"她是妹妹，比你年纪小，很多题目做不出来也是正常的啊，你要耐心点，你这么辅导她学习，不是骂就是打，她能学会什么？"妈妈说。

"谁叫你把她生得这么笨的，早知道这么笨，干吗还生出来气我？"优优抱怨道。

"这像是一个姐姐该说的话吗？"妈妈看到优优这么瞧不起暖

暖，心里不舒服。

孩子的心里话

暖暖笨死了，我浪费自己的学习时间辅导她学习，结果她什么都答不对，我宁愿没有这个妹妹。

家长应该怎么办

我们经常会对自己亲近的人失去耐心、大发雷霆，同样都是别人迟到、让自己久等了，如果是不相熟的人，你也许会说："没关系，我也是刚到。"可如果是自己的爸爸妈妈，你却会一脸不悦地说："怎么这么慢啊，我都等半天了。"就像优优对待暖暖一样，很容易就把自己的烦躁发泄出来，虽然一次两次没什么大问题，可久而久之就会导致关系的僵化。如何能让孩子对爸爸妈妈"客气"一些、耐心一点呢？有一部电影非常适合家长陪同孩子一起观看，《人生遥控器》（又名神奇遥控器），它是一部标准的好莱坞喜剧，借可以跳转时间的遥控器讲述了一些生活哲理和人生内涵。相信看完之后，不管是孩子，还是家长，都会更加珍惜自己身边的人，更加热爱生活，连同生活中的那些烦恼困难都觉得宝贵，愿意耐心地对待一切了。

故事梗概

迈克尔·纽曼（亚当·桑德勒饰）是一位中年建筑师，事业有成、家庭美满、娇妻麟儿。但迈克尔终日忙碌，很少能和妻子（凯特·贝金赛尔饰）和两个可爱的孩子正常相处，真正享受家庭生活的天伦之乐。

一天，迈克尔想看电视，却找不到家里的电视遥控器，于是他跑到附近商店想买一个多功能遥控器，老板莫蒂（克里斯托弗·沃肯饰）免费赠送给他一款"可以控制任何东西"的全功能遥控器。迈克尔发现这个遥控器不但可以控制家用电器，甚至连时间、空间都可以暂停、快进、播放，简直成了上帝一般的存在，给他的工作和生活带来了前所未有的"便利"。当工作繁忙得厌烦时，他"快进"一下就可以马上回家；当他做错

第七章 培养耐心并不难，生活点滴见效果

事时不得不忍受老板的责骂时，他"快进"一下就可以让自己马上跳过责罚；当自己生病时，他"快进"一下就可以来到恢复了健康的那一天，不必忍受病痛；不管是路上堵车还是和妻子吵架，他"快进"一下就马上达到目的地、面对妻子的笑脸。这个"人生遥控器"让迈克尔远离了一切烦恼、一切需要等待的时间，直接跳转到他喜欢的情节。

但迈克尔并不知道，遥控器会自动记录他的所作所为，一年之后，这个遥控器内部的智能记忆芯片开始运行自动模式，反过来控制主人的人生，一次次地自动跳过工作、堵车、吵架、琐事……迈克尔的生活变得混乱不堪、完全衔接不起来，上一秒还在做别的事情，下一秒就到了2017年自己升任总裁的庆祝晚宴，他错愕地发现妻子有了新欢、父亲已经去世，而这一切的原因，都是因为自己在埋头工作！

有几幕情节非常让人心痛

迈克尔最后一次见到父亲，却是深深地伤了父亲的心。小时候，父亲买了一枚魔术硬币，经常表演魔术逗他玩，长大后，为了不让父亲伤心，他一直没有揭穿这个魔术。然而这一次，父亲兴致勃勃地想要再表演一次时，迈克尔一时不耐烦，毫不留情地揭穿了他。父亲愣住了："你早就知道？我爱你，儿子。"说完就眼含泪水地走了。

在迈克尔儿子的婚礼上，他突然听到女儿叫爸爸，以为是在叫自己，结果发现叫的是前妻的现任丈夫、女儿的继父——比尔，迈克尔伤心地昏倒在地。他在病床上隐约听到儿子说要放弃蜜月旅行，以事业为重。儿子走后，他奋力挣脱了医疗仪器，追上儿子告诉他："Family comes first"（家庭永远是第一位的），交代几句后就去世了。

他的大彻大悟感动了死亡天使莫蒂，于是给了他改过自新的机会——时间回到了得到遥控器的那晚。他丢弃了遥控器，开始重视家人，不管是什么麻烦的事情，他都愿意耐心地面对了。因为无论是好是坏，是争吵还是甜蜜，都是生活的一部分，缺少了等待，结果就不值得欣喜，缺少了忍耐，胜利也索然无味。只保留自己成功的片段，人生是不完整的。

迈克尔是幸运的，他的人生可以在大彻大悟之后重新来过，可惜我们的人生不是电影，也不是童话，只有一次，弥足珍贵。家长可以和孩子一起观看这部电影，不用去说什么，孩子也能够看懂情节、理解人生的意义，也许一部两个小时的电影的说服效果要胜过家长一天的唠叨呢。

陪孩子一起看电影之前，家长应该做好准备工作，对电影的主要内容、时长、是否有少儿不宜的情节都要有所掌握，最好事先能看一遍。比如，这部《人生遥控器》虽然很有教育意义，不过毕竟不是一部儿童片，里面也有一些少儿不宜的画面，快要播放到时时，家长可以让孩子去倒杯水拿点东西之类的，尽量避免让孩子看到这部分情节。

还有很多不错的电影也是启迪人们"坚持到底就能获得胜利""耐心地对待生活中的困境"的，比如《肖申克的救赎》《当幸福来敲门》《放牛班的春天》等都值得一看。

53

阅读一本小说

情景再现

涓涓的姑姑是一位钢琴演奏家，经常随团出国表演，算是整个家族里最有成就的人，经常被爸爸妈妈所津津乐道。随着涓涓的长大，爸爸决定培养她往钢琴这方面发展，以后也可以借助姑姑在圈内的关系，有更好的前途。

涓涓从四岁开始就过上了每天学习钢琴的生活，但随着年龄的增长，学业也越来越重了，使得她愿意用在练习钢琴上的时间越来越少。每当游戏时间和练琴时间相互冲突的时候，爸爸让她牺牲游戏时间，涓涓便会一万个不情愿，对练琴失去耐心。

第七章　培养耐心并不难，生活点滴见效果

爸爸为了提高涓涓的水平和擅长的曲目数量，不仅几乎把姑姑所有的钢琴琴谱都借来了，甚至还借来了大部头的《声乐艺术发展史》，让涓涓学习。涓涓一看到这么厚的一本书，再加上密密麻麻、完全没有插图的排版，立刻倒吸一口凉气，勉强看了十几页，就开始昏昏欲睡了。

"今天必须把第一章看完！"爸爸提出了要求。

"这么多页，我肯定看不完的。"涓涓为难地说。

"耐心一些，总会看完的。"爸爸说。

可是涓涓完全没这份耐心放在纯文字的叙述上，第一章没看完，她就把书一合，塞到了抽屉里，有种再也不想见到它的感觉。

临睡前，爸爸询问进度，涓涓说："我早就放一边去了，一点都没意思，我看不下去。"

"想当音乐家，不懂音乐史怎么行呢？"爸爸说。

"那是大学的教材，我才小学啊，你太强人所难了！"涓涓说。

孩子的心里话

就是啊，初中生都未必需要学习什么《声乐艺术发展史》，我才小学就逼着我看，我才不要读呢，根本一个字都看不进去。

家长应该怎么办

每个家长都知道阅读对孩子有各种好处。

阅读提升智商。良好的阅读习惯会让孩子获取到很多有用信息，词汇量大大增加，面对语文学习时也颇为轻松，是发展孩子智力的重要途径。

阅读提高情商。阅读是一种相对复杂的内心情感活动，是促进孩子的人性健康发展的有益方式，其作用可以持续终身。书籍是某种情感信息的载体，阅读对象会潜移默化地影响孩子的道德感、审美感和意志力的形成，优秀的书籍具有很强的道德感染力，饱含着温暖心灵、催人奋进的力量，对于情商发展十分有利。

阅读培养耐心。当孩子能够专注地阅读自己感兴趣的书籍时，耐心就会悄然来临，深深地融入阅读过程中，即使在阅读结束后，它依然可以在孩子做其他事时发挥其积极作用。

应该让孩子读什么样的书

孩子对阅读喜爱与否，常与一个家庭有没有书，孩子能不能经常接触到书相关。经济条件允许的家庭，只要是对孩子阅读有益的书籍，家长可以先买好，放在孩子触手可及的地方，他出于好奇会主动翻看，慢慢地就会爱上阅读。

选好孩子"感兴趣"的第一批书，让他对阅读产生好感是非常重要的。在孩子学习阅读的初期，家长务必要精心挑选那些正版发行、印刷精美、内容有趣、情节符合儿童思维能力的书籍，如故事绘本和彩图科普书。家长最初为孩子选定的书籍，会在一定程度上影响着孩子今后自行选择书籍的品位。

阅读三部曲：独立阅读、亲子阅读、独立阅读

第一步是把阅读选择的权利交给孩子，尽可能为孩子提供轻松自由的阅读环境。大部分孩子从上小学开始已逐渐形成自己在阅读内容上的爱好和兴趣，"投其所好"地让孩子投入到非功利性阅读之中，对书中讲述的内容进行认同与亲近，充分享受从自己喜欢的书中得到的阅读乐趣，孩子才能认真地阅读，激发出耐心。

家长不应对孩子所选书籍的内容、类型和范围进行太多的约束和控制，除非它是对孩子全无裨益的书。字多的书不一定好，"识字"书不等于"阅读"书，如果家长总是看重书中的"知识"对孩子提高成绩是否有用，只会伤害孩子读书的乐趣。成才之路有很多条，也许希望孩子走的那条路，家长的眼中是平坦光明的，孩子走起来却是坎坷泥泞的。阅读也是一样，家长认为对孩子好的书，也许孩子并不感兴趣，如果强迫阅读，孩子就会抵触阅读这种行为，反而失去了很多可以从阅读中得到的家长没想到的其他好处。

家长不应对孩子的阅读过程强加过多干涉。孩子的阅读方式往往在好奇、好动、缺乏耐心和持久力的心理特点影响下，呈现出一会儿翻翻这本，一会儿翻翻那本的"没长性"状态。但这类表现完全符合孩子的早期阅读心理，这时家长不要过多管制，孩子能对阅读产生兴趣，家长应该感到欣慰，而并不是抱怨加强迫地要求孩子"从一而终"。

第二步是亲子阅读，为孩子树立良好的阅读榜样。家长应尽可能多地和孩子在一起看书，只有热爱阅读的家长才能培养出热爱阅读的孩子，用自己的行为潜移默化地带动孩子喜欢阅读、掌握阅读方法、了解阅读内容。培养孩子养成阅读习惯的初期，家长要多给孩子读书听，这有助于延长孩子持续注意力的时间，也能增加识字量，激发想象力，最终使孩子自觉自愿地想去阅读。在亲子阅读的过程中，家长要经常鼓励孩子复述出书中的故事情节或具体内容，讲出自己的看法和感受，交流阅读的方法和心得，这样对于提高孩子的学习效果、阅读兴趣、阅读水平都大有帮助。

第三步是在孩子能够很好地独立阅读时，帮助孩子维持热情。在孩子自由阅读期间，家长可以随意一些地询问"这本书有趣吗""你看到哪里了""你觉得主人公是一个什么样的人""你觉得故事会如何发展"……从这样的闲聊中，不失时机地表达出自己对孩子阅读行为的在意，可以让孩子的阅读热情维持在一定温度。尤其是在孩子无法坚持阅读的时候，家长的这种关注可以重新调动起孩子的积极性。

54

和孩子一起培育蔬菜

> **情景再现**
>
> 奇奇从小就不爱吃青菜，妈妈为此不知道好言相劝过多少次，气

急败坏地打骂了他多少次，可是效果甚微，奇奇依然我行我素地把碗里的青菜又扔回盘子里。

"赶紧吃菜，不许再把青菜挑出来，不吃蔬菜，会营养不良的。"妈妈说。

"你炒的菜不好吃。"奇奇说，然后继续对着碗里的青菜愣神。

晚饭过后，妈妈过来收拾碗筷，发现奇奇的碗里米饭一粒不剩，可是青菜几乎都没动过，就把奇奇叫过来训话："你又不好好吃菜，青菜隔夜就不能吃了，你这不是浪费食物吗？"

"反正也不值钱，一捆青菜就两块钱而已，我浪费的也就是几毛钱。"奇奇不屑地说。

"谁知盘中餐，粒粒皆辛苦，懂不懂，我们爱惜食物不是因为它值不值钱，而是因为它是农民辛苦栽种的，要珍惜别人的劳动成果。"妈妈解释说。

奇奇并不认同妈妈的说法，嘬了嘬嘴。

"你耐着性子把菜吃掉，对自己的身体好，对农民的劳动也是一种尊重。"妈妈苦口婆心地说。

孩子的心里话

就算我不好好吃青菜，农民伯伯也不知道我有没有尊重他们的劳动成果，有什么关系呢？妈妈真是小题大做。

家长应该怎么办

奇奇之所以不能耐心地把青菜吃掉，一方面是因为他不爱吃，一方面是因为他觉得青菜不值钱，浪费了也无所谓。所以想要让孩子对某件事有耐心，就需要让他了解这件事的价值和意义，加以重视，孩子不懂得尊重农民的劳动成果，就应该让他去亲身感受一下种植蔬菜的辛苦，才能让说教更具说服力。

让孩子的耐心随着蔬菜一起成长

和孩子一起种植蔬菜，不仅能让他在种植过程中，了解植物生长的过程，何时发芽、长叶、开花，学习到知识，还可以借助体会一个生命的成长来让孩子明白："种瓜得瓜，种豆得豆，今天撒下的种子，必须辅以耐心地浇水、松土、施肥、除虫，才能在某一天收获果实。"

小小"种植园"从零起步

1.选址

如果家里有院子，家长可以和孩子商量"种植园"应该建在哪里，对于10岁前的儿童，一般一平方米的大小就足够了，同时对孩子明确表示这是他自己的领地，需要他从头至尾地负起责任来。如果住在楼房没有院子，可以在阳台或窗台开辟"种植园"，准备几个花盆作为栽培容器。

2.选种、园艺工具、容器和土壤

选种：原则是好种、易活、有趣。选用孩子爱吃的蔬菜，孩子会对种植更有热情。为了不使孩子第一次尝试种植蔬菜就有挫败感，家长应该帮助孩子选择一些好种易活、生长迅速的植物，比如小油菜、油麦菜、青蒜、胡萝卜、葱、生菜、小白菜、韭菜、番茄、香菜、莴苣等。通常卖花鸟鱼虫、观赏植物的地方，都可以找到需要的种子或幼苗。买到种子后应该先用温水浸泡消毒。

园艺工具：选择大小适合儿童使用的园艺工具，确保孩子的安全和方便。

容器：几乎任何类型的容器都可用来种菜，如盆、桶、壶、箱子、坛子、篮子等生活器物，原则是坚固结实、空间充足、排水方便。容器宁大勿小，慎用容易吸热的黑色，以免损害植物根系。土豆等块茎蔬菜可在袋子中栽种，葱、韭菜、蒜苗等可在烤盘中栽种，黄瓜、豆角、西红柿等蔓生植物需要有架杆做支撑。

土壤：分为无土栽培和土壤栽培。无土栽培就是不用土壤，而是采用基质和营养液栽培植物的技术。家庭种菜通常所用的培养土可在农艺市场买到。

3. 养护

播种和移苗：蔬菜有两种栽植方式，一种是直接播种，一种是育苗后移栽。直接播种的，将种子播种到适当的容器中就行了；需要移植的，使用大小适中的塑料盘、玻璃盘等容器作为"育苗盘"，放在较温暖、通风良好的地方，适宜的温度、充足的水分和氧气是种子萌发的三要素，秧苗到达一定大小时将其移到其他容器中栽植。

施肥：无土栽培蔬菜的只要浇灌营养液就可以；土壤栽培可选用传统肥料，也可使用营养液。但不要过量，滥用营养液容易造成蔬菜硝酸盐超标。

防治病虫害：种植过程中注意观察蔬菜的叶、茎等器官是否出现因为水分、光照、温度等环境问题或土壤肥力问题引起的病害、是否出现害虫，一旦发现问题，尽快处理。

4. 收获

绿叶油油、硕果累累，这是孩子耐心等待后即将收获的胜利，是最开心的一刻。最好选择在傍晚采收蔬菜，西红柿、辣椒和水果等要在果实达到一定的硬度时采收；黄瓜、菜豆等应在幼嫩时采收；韭菜、葱等无须整株拔起，可摘其叶吃，不久后又会有幼嫩的叶子长出。

5. 周边

除了种植之外，孩子还能从中获得其他乐趣，比如，制作昆虫标本、叶子标本，将食物加工，做成果酱、干菜、咸菜，等等。这些过程都是孩子了解自然、实践动手能力、培养耐心和激发想象力的好机会。

55

图书馆寻宝之旅

情景再现

"小凯，你把爸爸的皮带扣弄哪里去了？"爸爸问道。

"不知道啊，上回玩完之后好像放在抽屉里了吧。你找找呗。"小凯说道。

"你说说，我天天一出门，要用皮带的时候，就发现一个个都身首异处，皮带扣都不见了，这东西有什么好玩的，总给我拆下来做什么啊？"爸爸一边翻找抽屉，一边抱怨着。

"随便玩玩呗，谁让你不多给我买点玩具的。"小凯也有理由。

"快来帮我找找，我着急用的。"爸爸求助。

"好吧，我看看玩具箱里有没有。"小凯走到玩具箱那里，开始翻找起来，找着找着，注意力就不在皮带扣上了，一会儿拿起来小汽车在地上开，一会儿把变形金刚的断腿安装上，等爸爸过来询问时，发现小凯正在给玩具枪上子弹。

"我让你找皮带扣，你干什么呢？怎么还玩上了，不知道我着急出门吗？"爸爸生气了。

"我找不到啊。"小凯嘟嘟嘴，意思是：我早就放弃了，你靠自己吧。

"我看是你没有认真去找，想找的话，就没有找不到的东西。"爸爸说。

"你手里不是有一条皮带可以用吗？"小凯说。

"这条太短了，我最近又胖了，都装不下我了。"爸爸无奈地说。

"那就把这个皮带扣放在其他长的皮带上呗。"小凯出主意道。

"你倒是'聪明'啊，当初不把我的东西乱放，现在能用得着这份'聪明'吗？"爸爸话里有话。

孩子的心里话

我才不想帮爸爸找皮带扣呢，简直是大海捞针，我哪有这个耐心啊，趁机赶紧玩会儿玩具吧。

❓ 家长应该怎么办

很多时候都是这样，想找到一件东西，可是把家里翻了个底朝天都不见线索，不禁灰心丧气，完全失去了耐性，越找不到越急躁，越急躁越手忙脚乱。爸爸失去了耐心来找小凯帮忙，小凯则完全没有耐心地敷衍应对。找东西经常演变成一件让人烦躁的事情，但它也可以被利用起来，变成培养耐心和好脾气的训练内容，有点"以毒攻毒"的意思，只不过这个"毒"要富有乐趣，找起来才有动力。家长完全可以变"毒"为"宝"，开展一次"寻宝之旅"活动，让孩子在乐趣之中学会如何设定目标、制定策略、控制自己的急脾气。

有条件的家庭，家长可以带着孩子一起去图书馆参观，由一位家长将"宝藏"藏在图书馆的某本书中或者某个地方。"宝藏"可以是一张精美的卡片，一把放有惊喜礼物的小盒子的钥匙，一张空白的许愿卡，只要是孩子希望得到的东西，而且体积大小适合藏起来的，都可以作为"宝藏"。藏好之后，家长告诉孩子寻宝的线索，比如藏在了一本书中，书是什么类目的，书的封面是什么颜色的，书名里含有哪个字等，然后带着孩子一起开启寻宝之旅，帮助孩子理解图书馆是做什么的、里面都有什么、图书的种类这些知识的同时，也能在寻宝的期待和惊喜之中培养孩子的耐心，使之获得成功的快乐体验。如果提前知道宝藏是什么，也许会让孩子的耐心更加坚定。图书馆那种安静的氛围可以感染孩子，让他的情绪随之平缓，为了不影响其他人，而学会控制自己的不耐烦的举动。特定的环境，特定的目标，总会带来意想不到的效果。

所在城市没有图书馆的家庭，也可以灵活运用身边的各种资源，不妨在家中进行寻宝游戏，方法同上。也可以选购一些"视觉发现""视觉考验"等内容的书籍画册，让孩子学会在复杂繁乱的周遭事物中，根据线索，耐心地逐步排查，直到找到目标。

第七章 培养耐心并不难，生活点滴见效果

56

手工制作乐趣多

情景再现

小宇一边写着妈妈要求的钢笔字帖，一边嘴里哼着歌，不一会儿，看着眼前这一堆同一个模子里刻出来的深蓝色的字，再听着这轻缓的旋律，他打起了哈欠。好几次没控制住困意，小宇差一点儿把脸杵在钢笔上，慢慢地，刚才还工整干净的字，写着写着就变得歪歪扭扭起来，甚至写错了几个字。

妈妈走过来一看："你是困了吗？昨天9点就睡了，这才上午，你有这么困吗？"

"我刚才还不困呢，一写字我就犯困了。"小宇说。

"我看你不是犯困，是犯懒吧，要是让你看动画片，你还能睡着吗？一到学习的时候，就一点耐心都没有了，这怎么能行呢？"妈妈说道。

"我现在都觉得我不是在练习写字了，而是在画画，有时候写着写着，突然会觉得这个字好陌生，什么意思、怎么读都想不起来了。"小宇说。

"说那些没用的做什么，赶紧写，写完这个，还得做数学的习题呢。"妈妈早就为小宇安排好了周六一天的"行程"，那就是学习再学习。

"天啊，我天天上课还不够累吗？到了周末也不让我玩个痛快，我都快成学习机了。"小宇抱怨着。

"现在不好好学习，长大想学的时候，学校都不收你了。"妈妈说。

"那我要是早点写完的话，能不能看一会儿电视，再做数学习题啊？"小宇问道。

"可以，别再犯困了啊。"妈妈同意了。

小宇心满意足地笑着，妈妈刚转身离开，小宇就进入了龙飞凤舞、奋笔疾书的状态，只要数量、不要质量了，一心想着赶紧写完，就可以看电视了。

孩子的心里话

快快快，我可以再快一点。不知道妈妈看到我写的字会不会说我是"虎头蛇尾"呢，确实前面写得很好看，后面写得乱了点。不管那么多了，我要看电视！

家长应该怎么办

"学习再学习"，小宇已经陷入了条件反射似的学习疲劳的困意中，妈妈还全然不觉。对于小宇来说，只有压缩学习所消耗的时间才能为自己争取到用来娱乐的时间，所以他选择了"不耐心"的方式去应付妈妈的要求，学习效果也就可想而知了。

学习知识的方法并不是只有坐在书桌旁，也不是多多益善地看书做题，孩子在玩耍游戏的过程中一样能学到知识。不少家长在教育投资上付出多少钱，眼睛都不眨一下，热衷于为孩子报各种兴趣培训班，美术、舞蹈、小提琴、萨克斯、跆拳道、太极拳、象棋、钢琴、声乐等，可是这里面却鲜有家长为孩子报名参加手工制作兴趣班。那是因为他们过多地注重了孩子智力因素的发展，而忽略了对孩子动手能力的培养，没有意识到手工制作对儿童的发展价值。

手工制作是中华民族的传统艺术活动，包括剪贴类的剪纸、布贴、叶贴、绒贴、豆贴、木屑贴画，编织类的草编、毛线编织、金属丝编织，刺绣、泥塑、根雕，等等。手工制作可以利用剩余材料或废旧材料，变废为宝，让孩子化身"环保小先锋"，为家庭做贡献；还可以培养孩子耐心细致的品质，激发他的观察力、想象力和创造思维能力，锻炼眼、脑、手的协调并用能力，同时提升孩子的审美能力，能够促进孩子的全面发展。

促进儿童思维发展

如果缺乏精心构思作品的意境、内容、布局、形状与色彩，手工制作是无法最终呈现出其艺术的表现形式的，这就需要孩子对布局、形状与色彩进行深思熟虑的思考和安排，把自己的审美观和想象力都融入其中。手工制作能让孩子的思维更活跃。

培养儿童多种技能

手工制作可以培养孩子画、剪、拼、贴、编、织、揉、搓、捏、刻、润色等技能。

培养孩子的优秀品质

手工制作的过程是动脑动手的过程，也是需要用细心、耐心和意志力来维持的过程，通过做手工，孩子获得了实践的机会，从一点点进步、一点点收获中树立了自信心、加强了积极性。

如何让孩子享受手工的乐趣，将耐心融入其中，再生发开来？

为了充分调动孩子的积极性，家长应该先和孩子讨论想要做什么东西，比如在哪里看到过什么样的东西，自己也想拥有一个；在电视里看到教程，自己也想实践一下；家里正好有原料，自己可以改造一下。然后不管是家里已经有的，还是需要外出采购的，都让孩子自己去搜集所需用的材料，这会让他在收集过程中体验到自主的自由和合作的快乐，可以充分地调动孩子的主观能动性和积极参与的意识。

对于有一定难度的手工制作，家长可以事先做好一个，把实物展示给孩子看，一来能够使孩子感受到生活的多姿多彩，激发孩子的创作欲望，二来能够清晰地告诉孩子："这一切都是可以实现的，家长轻松做到的，你稍微一努力也可以做到。"为孩子的信心加油鼓劲。

家长可以努力营造出具有造型美、色彩美、艺术美、童趣美的氛围来感染儿童，比如和孩子一起做手工的时候，可以使用半成品材料，一来能够降低难度、节省时间，二来有助于孩子对美感形成一个正确的认识，以后完全用原料独立制作的时候，也会容易上手一些。

逢年过节的时候，家长应该鼓励孩子自己动手制作祝福卡、心愿卡、生日卡，以及各种邀请函，这可以培养儿童关心他人、爱同伴、爱集体的情感。孩子用心制作的卡片送给别人的时候，更能够表达自己的感情，别人也会加以珍惜。

孩子在亲手制作的过程中难免会出现失误，不可能第一次就完成得很好。家长不要因为这个就剥夺孩子动手操作的权利，要努力发现孩子的闪光点，适当地引导和配合孩子，帮助他克服种种困难，最终圆满地完成作品，共享乐趣。

57

一个小生命，家有宠物

情景再现

妈妈给姣姣新买了一辆自行车，姣姣可喜欢了，每天放学后都要去骑几圈，到处炫耀一下她的新车。这天，她正在小区的空地上骑自行车，妈妈在一旁看着，远处走来了另一对母子，原来是隔壁的邻居。邻居家的小弟弟见到姣姣的新自行车，也想上去骑一下，姣姣瞪了小弟弟一眼："不行，这是我的车。"

"让小弟弟骑一会儿，你是姐姐，大方点。"妈妈说。

"我不要！"姣姣护着自己的车。

"听话啊。"妈妈掰开了姣姣的手，把自行车推到了小弟弟面前，小弟弟急忙上车，高兴地骑起来。

"我的车，那是我的车。"姣姣喊着。

"当然是你的车，小弟弟就是玩一会儿，又拿不走你的车，担心什么啊，就让小弟弟骑五分钟好不好？"妈妈说。

姣姣拗不过妈妈，只好在一旁暗自生气，小弟弟还没骑上2分钟，姣姣的忍耐就到了极限。她跑过去，把车上的小弟弟拽了下来，自己抓着自行车说："这是我的车，谁也不准骑！"

妈妈看到她这副自私霸道的样子，觉得颜面无光，呵斥道："都说了让小弟弟骑五分钟就好，你连五分钟的耐心都没有吗？我怎么教出来你这么只想着自己的孩子，给我回家去！"

孩子的心里话

五分钟？我连一分钟都等不了，本来我就不愿意让他骑我的车，是你强迫我的。

家长应该怎么办

姣姣的霸道和暴躁让妈妈非常没有面子，在其他孩子面前，姣姣完全没有大姐姐应有的气度和风范，丝毫不愿意分享，也不愿意等待，总是以自我为中心。这样的孩子在现实生活中大有人在，这与他们的成长环境有很大的关系，独生子女一向集万千宠爱于一身，最受不了的就是把自己的东西分给别人、等着和别人分享东西了，他们的生活中缺少其他玩伴，独来独往惯了，也就缺乏对他人的爱心和耐心。如何能不让这种"孤独"助长孩子的自私和急躁呢？不一定非要给孩子添加个弟弟妹妹，其实，选择合适的宠物在家中饲养，也可以让孩子不再孤独，懂得友爱。

养宠物的好处

我们看看家里养一只小宠物能够给孩子带来什么：

1.宠物能给家庭制造欢乐

这位新成员有着改善整个家庭人员情绪的神奇力量,很多时候会帮助家庭建立一个良好沟通的平台,让家长与孩子有更多的交流机会和交流话题,维护亲子关系。

2.宠物是孩子的好伙伴

特别是在独生子女的家庭中,宠物一直都是孩子分享自己的情感和秘密的对象,他会愿意把更多的课余时间用在照顾宠物、一起玩耍上。

3.宠物可以让孩子学会尊重生命

孩子通过对宠物的照顾,了解到一个生命的成长历程,体会到动物也有情感、也有喜怒哀乐、也会生气、也会撒娇、生病了需要人照顾、饿了需要喂食,孩子在这些动物和人的相近性中学会了如何尊重生命,而后会对生活中各种事物都投入同情与关爱,不容易对别人做出不耐烦和攻击行为。

4.宠物能够培养孩子的责任感和耐心

孩子可以参与到饲养宠物的实际活动中来。宠物虽然聪明,但是并不能事事听话、时时合作,不管是喂食、清理粪便、洗澡、打扮,都是需要耐心才能做好的。从一只宠物的生老病死,孩子可以体会到自己对于它的责任,就像是父母对待自己的责任一样,耐心自然就随之而来了。

如何健康养宠物

1.选择合适的宠物

决定要饲养宠物时,家长和孩子都要做好思想准备和物质准备,这是一个共同生活的长期过程,不可以凭借一时兴起的几分钟热情草率行事。家长要抱有善始善终的态度,付之以坚持不懈的行动,这样才算是对孩子最好的言传身教。

孩子如果对动物毛发、皮肤过敏,或者患有湿疹、热病、哮喘、免疫能力弱等疾病,则不适宜养有毛的宠物,养一些小金鱼、小蜗牛、小乌龟是不错的选择。家长应该帮助孩子选择那些温顺安静的动物,如果家长工作较为忙碌,那么天性独立的猫咪是较好选择,但它孤傲的性格也常常抗拒主人的爱抚、拒绝互动，狗狗则更乐于和主人交流感情，但需要主人付出更多的关注和陪伴。饲养宠物需要有一定的空间，住在楼房的家庭要选择那些体积小、声音小、不打扰邻居的宠物，比如小型犬、猫、仓鼠、龙猫、荷兰猪、兔子等，住在有院子的平房的家庭，受限就小了。

2. 定期给猫狗注射狂犬病疫苗

在有孩子的家庭中养宠物，最重要的事就是确保宠物的健康。平时要注意梳洗宠物毛发，预防寄生虫，定期注射狂犬病疫苗、体检等。

3. 教会孩子如何与宠物相处

家长事先就要和孩子讲明："宠物是家庭的一员，不是可以随意玩耍、丢弃的玩具，要爱护它。"家长要以身作则地教会孩子正确地和宠物相处、交流，不要让孩子打搅宠物的进食和睡眠；不要让孩子接近已经有攻击前兆的宠物，比如掀起嘴唇、露出牙齿、背毛竖起、大叫或后退着的狗，也不要接近后背弓起、背毛竖立、大声怪叫的猫；不要让孩子把宠物当作出气筒，虐待它。

4. 让孩子照顾宠物的生活

孩子不仅要成为宠物的小伙伴，还要担负起照顾宠物的责任来，适当地分配一些照顾宠物的工作给他做，比如喂食、清洁等力所能及的事情。让孩子在与宠物生活的过程中体会到获得宠物信任的快乐，逐渐培养出孩子对事物的责任心、爱心和耐心。

58

整理衣柜、整理玩具

情景再现

妈妈让晴晴出去帮她买点面条，晴晴开始在衣柜里翻找着自己出

201

门要穿的衣服。10分钟过去了,晴晴依旧没有从卧室里出来。

"衣服换好了没有?我这可是等着面条下锅呢,卤子都做好了。"妈妈问道。

"我还没找到我要穿的衣服呢!你给我放哪儿了?"晴晴抱怨地说。

"我怎么知道?"妈妈说。

"就是那件有向日葵图案的连衣裙啊,袖子是透明的。"晴晴说。

"没印象,你随便穿个衣服出去得了,就是去楼下买面条,又不是让你去跳舞。"妈妈催促道。

"不行,我怎么可以随便穿个衣服就出门呢,万一遇到同学,会被笑话的。"晴晴在意地说。

"再给你2分钟,抓紧时间。"妈妈说。

"你帮我找吧,我找不到呢。"晴晴说。

"我不管,我厨房里还一堆事呢。"妈妈不想帮忙。

"那我就不出去了!你自己去买吧!烦死了,找也找不到,真是浪费时间。"晴晴赌气地说。

"谁叫你不把衣柜整理好的,想穿的时候找不到了吧!"妈妈说。

孩子的心里话

我的裙子到底去哪了呢?真是伤脑筋,找不到就算了,让妈妈自己去买面条吧,我可没这个耐心再找下去了。

家长应该怎么办

整理行为看似简单,但实质上是一种能力,而且是与孩子的性格品质相关的能力。整理作为一种实践,能让孩子更确切地理解家长的教育内容,能让孩子逐渐养成好的生活习惯和行为意识,能让孩子的自我服务意识从被动变成主动,最终愿意付出耐心和精力去履行自己的义务。正如陆游诗中所言："纸上得来终觉浅,绝知此事要躬行。"家长想让孩子变成一个富有耐心的人,就应该从整理衣柜和玩具开始,让孩子去做,让他自己去感受耐心是从哪里来、耐心用到哪里去、耐心能换来什么。尽管开始时孩子可能不是很合作,毛手毛脚地反而弄得更乱了,不过没关系,家长从放手的那刻起,已经取得了重要的进步——使孩子摆脱了依赖心理。整理工作有时候很枯燥,如何能让孩子耐心地完成呢?家长要学会寓教于乐,让孩子在轻松的环境下,慢慢掌握整理东西的各种技巧。

如何整理衣柜

1.清空衣柜

取出衣柜里所有的衣物,这个步骤可由孩子完成,近乎疯狂地快速把衣柜里的衣服全部扔在床上,也算是一种乐趣了。家长也可以和孩子比一比谁最先清空自己负责的那个衣柜格子。等衣柜彻底空出来的时候,我们就可以清楚地知道衣柜的空间大小了,可为后续步骤做好规划。别忘了用抹布擦干净衣柜里面。

2.分类处理

先把衣服分为四类,一类是需要放在衣柜里的衣服,一类是过季了要收起来、等着明年再穿的衣服,一类是买错了穿小了、可以转送别人的衣服(将这个决定权下放给孩子,他有了"权力",才更愿意参与),一类是有顽固污渍或严重损坏的必须丢弃的衣服(让孩子查找出这样的衣服,锻炼他的观察能力)。家长拿出几个整理袋,让孩子把后两种装起来,尽快处理掉。

3.整理衣服

把留下来的衣服分门别类地叠放在一起,根据季节:短袖和短袖、长袖和长袖、外套和外套、短裤和短裤、长裤和长裤、配饰和配饰、内衣和内裤……也可以根据场合:上学穿的(校服、红领巾)、放学出去玩穿的(耐脏耐磨的衣服)、外出休闲穿的(品牌高档的衣服)……将衣物整理成最适合孩子生活方式的状态。

4.摆放衣服

过季的衣服可以放在衣柜最下面,当季要穿的可以放在孩子触手可及最方便取用的高度,容易起皱的衣服、外套和连衣裙应该用衣架挂起来,T恤和裤子可以正常叠放,材质柔软的衣服可以卷成筒状叠放。同类衣服摆放时应注意相近的颜色不要放在一起,否则找起来的时候会增加难度,看错而拿错、漏看而找不到的情况总是这样发生的。面料顺滑的衣服不要放在其他衣物的下面,这会导致它上面的衣服摇摇欲坠。在家长的协助下,孩子整理好衣柜之后,不妨再来一场纠错游戏,看一看哪件衣服放错了地方。

如何收拾玩具

1.让孩子熟悉玩具的固定位置

给孩子一个放置玩具的固定地方,一个柜子或者是一个玩具架。家长可以先帮助孩子收拾玩具,分类摆放,孩子每次玩完之后,都提醒他要物归原处,并告知它们的"家"在哪里,积木在最下面一层,电动玩具在中间,毛绒玩具在最上面,等等。多进行几次这样的描述之后,孩子就能记住所有玩具该去的地方,整理的时候也不至于手忙脚乱了。

2.生动有趣的整理过程

孩子对纯粹的收拾、整理往往兴致不高,家长应该学会让其变得生动有趣,比如在玩具架上贴小贴纸,贴着动物的地方是用来放毛绒玩具的,贴着汽车的地方是用来放汽车类玩具的(遥控车、回力车、拉线车、变形金刚等),贴着笑脸的地方是用来放益智类玩具的(积木、蘑菇钉、七巧板、棋类、学习机等)。整理玩具的过程中再通过生动的语言、有趣的形式,使孩子主动融入其中。

3.教给孩子一些简单的分类法

比如,节省空间的方法:俄罗斯套娃原理,小的放在中的里面,中的放在大的里面;稳固的方法:体积大且重的放下面,体积小且轻的放上面;还原的方法:适用于整理七巧板、积木、拼图,将它们都按照刚买来的样子摆放好，有效地减少盒子装不下和丢一块少一块的问题。

4.带领孩子观看整理后的玩具，获得成功感

在孩子整理好玩具后，家长要让孩子看到一切都井然有序的样子，可以拍摄整理前整理后的对比照片，让孩子有更加直观的体会：原来耐心地整理完成后，可以节省出这么多的空间，整个家里都美观了许多。对于孩子的"功劳"，家长要用赞赏的口吻肯定孩子，让孩子从中得到成功感和乐趣，增强他的自信心，为以后自觉耐心地整理玩具打下基础。

59

爬山爬楼梯

情景再现

卡卡的家在十七楼。这天下午，妈妈提前下班把他从学校接了回来，到了一楼的电梯处，他们才发现那里张贴了告示："4月12日下午14：00-17：00，电梯设备检修，为您带来不便，十分抱歉。"

"什么啊，早不修，晚不休，非要在我要上楼的时候修！"卡卡抱怨道。

"那就爬楼梯吧。"妈妈说。

平常一向没有锻炼身体的习惯的卡卡，刚走到三楼便有些气喘了，抬头望望那远不见头的台阶和栏杆，心情立刻变得急躁起来："烦死了，这么高，要累死我了。"

"再坚持坚持，你看前面的阿姨，人家拎着好几袋东西呢，也没像你一样叫苦连天啊。"妈妈说。

"我的书包多重啊，你怎么不说。"卡卡拉了拉书包带。

"我帮你背书包，你就可以轻松一点了，可以吧。"妈妈接过卡

60个妙招 帮你培养孩子的耐心

卡卡的书包。

卡卡继续上楼，好不容易到了八楼，他捏着大腿说："不行了，我的腿都酸了，要不我来背书包吧……"

"这么孝顺？"妈妈吃惊地说。

"我是说，我来背书包，你来背着我，怎么样？"卡卡狡黠地说。

"什么？我没听错吧，你都几岁了，还让我背你，丢不丢人？这才八楼你就不想走了？你是真没力气了，还是没有耐心啊？我看就是你平常缺乏锻炼，太依赖电梯了，所以你才对走楼梯这么不耐烦。"妈妈说。

孩子的心里话

每一层楼梯都长得一个模样，我都要走晕了。十七楼，太高了，当初干吗要买这么高的，住一楼多省事。腿又酸，心里又烦躁，好好的，检修什么电梯啊。

家长应该怎么办

卡卡走到三楼喊累，走到八楼要妈妈背的表现，恰恰反映了他平常的缺乏锻炼，也看出了他是一个没有耐心、意志力薄弱的孩子，这样的孩子吃不了苦、受不了累，习惯了养尊处优的生活。家长应该如何既锻炼孩子的体质又培养孩子的耐心呢？爬楼梯和爬山就是不错的选择。

爬楼梯是简单易行的。起先几次家长要和孩子商量好，先从一楼走到三楼，然后坐电梯回家，渐渐地，孩子能适应这种体力消耗之后，再增加步行的楼层，减少乘坐电梯的楼层。家长看看孩子一口气能走到几楼，找准机会赞扬一下他的坚持不懈，让孩子明白：电梯只是工具，我们可以利用它，但是不能依赖它，不能让它把我们变成没有力气也没有毅力的人。

外出游玩是每个孩子都很期望的事情，户外活动有助于锻炼孩子的身体，增长见识，开阔视野，还能培养孩子勇于战胜困难的品质。家长可以在天气晴朗的假日带着孩子一起去爬山游玩，这也是一种"延迟满足"的训练，因为只有依靠耐心和毅力爬到山顶，才能领略什么是"无限风光在险峰"，就此教会孩子为了追求更大的目标（山顶）、获得更大的享受（俯瞰风景），必须要克制自己的疲倦和烦躁，才能有所收获。

爬山的时节应该选在春季或是初秋，气温不冷不热，而且景色也不错，雨水较少，山路也比较好走。在爬山前，家长应和孩子一起做好以下准备工作：

（1）向孩子介绍目的地的情况，包括位置、大小、高度、特色、传说等，调动孩子的好奇心和积极性；向孩子讲明外出的纪律和注意事项，比如不可以独自行动，稳步前行，不要乱跑，有困难要尽量自己克服，等等。

（2）因为山上的水和食物价格比较贵，所以最好自己准备水和食物，但也不宜负重过多，否则影响爬山的效果。务必让孩子穿登山鞋或是防滑效果好的运动鞋，穿轻便的衣服。除了饮食之外，还应该准备纸巾、湿巾、手绢、野餐垫、照相机、指南针、雨衣、急救包等物品。

在孩子爬山游玩时，家长要教会孩子爬山的要领：

上山时身体要前倾，把重心前移，步子要小一些，用前脚掌先着地。遇到陡坡的时候，膝盖相对要抬高一些，必要时手脚并用。

下山时身体直立或适度后仰，膝关节要略屈，以缓冲身体的惯性。遇到陡坡的时候，不要快跑，可以采用"S"形的路线向下慢跑。

在孩子爬山的过程中，家长要根据孩子的年纪和体力制定爬山的路线、高度、休息的次数。孩子应该走在一前一后两个成人的中间，路况复杂的时候，家长可在前面拉住孩子的手。家长要抓住时机和孩子进行互动，引导他观察地形、思考路线、想象前方的景色，认识各种植物、昆虫等，把孩子放在路途漫漫、腿脚酸痛上的注意力分散开来，以此锻炼孩子的耐心。

60

一起动手做饼干

情景再现

家明是一个小学三年级的男孩，特别爱吃零食、甜点，这天放学，他又吵着让妈妈带他去超市买饼干。

"等一会儿吧，等我先把米饭做上。"妈妈说。

家明"耐心"地等了十几分钟。妈妈知道，儿子的耐心一般只有十几分钟，于是赶紧拿起外套，带着家明去超市。

结果家明最爱吃的巧克力曲奇恰好卖光了，只有其他口味的饼干或者是其他品牌的了。家明不依不饶："我就要吃这个，我不要别的，就这个最好吃了！"

"人家卖光了，我有什么办法？要不明天再来吧，说不定就补货了。"妈妈劝道。

"我才不要等明天呢，我今天就要吃！"家明非常固执。

"那你说怎么办？"妈妈问。

"去另一家超市看看。"家明答道。

"那家超市好远的，等咱们逛完回来，都几点了，不去。"妈妈拒绝了家明的提议。

"我今天就要吃巧克力饼干！"家明的声音越来越大。

妈妈突然灵光一现："我有一个好主意！咱家正好还有点黄油和低筋面粉，还有巧克力，不如我们现在回家，自己做巧克力曲奇如何？"

"你会做吗？"家明问。

"原理都差不多的，咱们去网上找找配方，你一起来帮忙好不好，想要脆点、酥点、甜点，你都可以自己决定呀。"妈妈笑着说。

"真的可以？那好吧，赶紧回家，我都等不及了。"家明拉着妈妈就往外走。

"不过饼干也不是几分钟就能做出来的，至少要半个小时哦，你能耐心地完成吗？"妈妈说。

"我，争取吧。总比明天才能吃到要好呀。"家明说。

孩子的心里话

妈妈的主意真不错，我还没做过饼干呢，一定很有趣，希望过程不要太漫长就更好了。

家长应该怎么办

家明妈妈带着急于吃到巧克力曲奇的家明一起去做饼干，实在是个好对策，究竟好在哪里呢？

和孩子一起做饼干的好处

就物论物地说，首先是可以确保原料纯正，品质新鲜，没有添加剂，让孩子吃得更健康、更安全；可以像家明妈妈说的那样"想要脆点、酥点、甜点，都可以自己决定"，按照孩子的喜好调整造型和口味，数字饼干、动物饼干、卡通饼干，赋予了想象力和创意极大的发挥空间；通过真正了解饼干的制作过程，孩子能明白什么事物都是来之不易的，买来的食物也是别人辛苦制作的，不能浪费食物；一份简单的饼干既能增长知识又锻炼了动手能力，可以让孩子学会如何用耐心来换取胜利的果实，这是与平时缺乏耐心的孩子一起做饼干的最大好处。

家长不要闷头做饼干，不和孩子互动，想要教育孩子，在这种轻松愉快、富有乐趣的事情面前就是最好的时机。孩子力所能及的步骤，就交给孩子去做，家长在一旁适当点拨就可以，不时地鼓励孩子，都会有事半功倍的效果。到时候，家长不仅能吃到孩子做的饼干，还可以感受到孩子的成长。

如何制作饼干

相比于制作蛋糕和面包，做饼干是烘焙中最简单的，也是最节省时间的，主要过程就是按照配方准备面团、造型、烘烤。最快半个小时左右就可以吃到新鲜美味的饼干了。

原料和工具：低筋面粉（如果超市买不到的话，也可以使用普通面粉）、动物性无盐黄油（植物性黄油含有大量反式脂肪酸，不建议使用，如果没有，也可以使用没什么气味的玉米油和花生油）、鸡蛋、白糖、牛奶。烤箱、不沾烤盘、厨房秤（或是精确到克的电子秤）、饼干模具（可以用孩子的橡皮泥模具代替）；另外，打蛋器、刮刀、面粉筛等也可以根据需要选购。

配方：不用去购买专门的书籍，网络上就有很多饼干的配方可以学习。适合家庭制作的有曲奇、苏打饼干、黄油饼干和桃酥等。

【黄油饼干】

原料：低筋面粉240克、黄油160克、糖粉80克、鸡蛋1个、盐少许。

做法：

把已经在室温下软化的黄油、过筛的糖粉、蛋液、过筛的低筋面粉、盐，放在一个容器里拌匀。

将面团用保鲜膜包好，放进冰箱中冷藏约半小时，当用手指可以在面团上按出印迹但不会形成一个洞时取出，擀成厚度为3至5毫米的大面片，注意要薄厚均匀些。

和孩子一起用模具在面片上压制出各种饼干造型，没有模具的话可以将面团等分成一个个小块，擀平后用牙签在上面写上字或者画上鬼脸，或者利用糖豆、彩虹糖、巧克力等食材来装扮。

放进烤箱烘烤，温度180度，15—20分钟，薄一点的就少烤一会儿，厚一点的就多烤一会儿。不时观察火候如何，也可以烤了一半时间后将饼干翻面，根据自己的喜好掌握好时间。